D0676531

LE PORTUGAIS
POUR MIEUX VOYAGER

Table des matières

**Recherche
et rédaction**
Leonora Moncada Moura

Collaboration
Marc Rigole

Adjoint à l'édition
Pierre Ledoux

Correction
Pierre Daveluy
Raul Mesquita

Conception graphique
Bryan-K. Lamonde,
Atelier Louis-Charles Lasnier

Mise en page
Pascal Biet

**Montage de la page
couverture**
Marie-France Denis

Photographies
© iStockphoto.com/José Carlos Pires Pereira (page couverture),
© Marc Rigole (p. 14, 142 et 152), © Dreamstime.com/Massimiliano Pieraccini (p. 34),
© Dreamstime.com/Pippawest (p. 74), © Dreamstime.com/Manuel Ribeiro (p. 88).

Cet ouvrage a été réalisé sous la direction d'Olivier Gougeon.

Remerciements
Guides de voyage Ulysse reconnaît l'aide financière du gouvernement du Canada par l'entremise du
Programme d'aide au développement de l'industrie de l'édition (PADIÉ) pour ses activités d'édition. **/**
Guides de voyage Ulysse tient également à remercier le gouvernement
du Québec – Programme de crédit d'impôt pour l'édition de livres – Gestion SODEC. **/**

Guides de voyage Ulysse est membre de l'Association nationale des éditeurs de livres.

**Catalogage avant publication de Bibliothèque et Archives nationales du Québec et
Bibliothèque et Archives Canada**
Vedette principale au titre :
Le portugais pour mieux voyager
2e éd.
(Guide de conversation pour le voyage)
Comprend un index.
Textes en français et en portugais.
ISBN 978-2-89464-924-4 (version imprimée)
1. Portugais (Langue) - Vocabulaires et manuels de conversation français. I. Collection: Guide de
conversation pour le voyage.
PC5073.M68 2010   469.83'441   C2009-941719-7

© **Guides de voyage Ulysse inc.**
Tous droits réservés
Bibliothèque et Archives nationales du Québec
Dépôt légal – 2e trimestre 2010
ISBN 978-2-89464-924-4 (version imprimée)
ISBN 978-2-89665-352-2 (version numérique)
Imprimé au Canada

1

INTRODUCTION

Le portugais est né au milieu du XIIᵉ siècle à partir du latin, auquel s'est ajoutée l'influence du grec, de l'arabe et du celte. Le Portugal a commencé la «conquête du monde» avant l'Espagne et la France. Au XVIᵉ siècle, ce pays contrôlait un immense empire dans l'océan Indien et le golfe Persique, ainsi que dans les mers de Chine et du Japon. Puis l'expansion coloniale s'est poursuivie au Brésil au XVIIᵉ siècle et en Afrique au XIXᵉ siècle (Angola, Mozambique, Guinée-Bissau, îles du Cap-Vert, îles de São Tomé et Principe).

On ne dénombre que deux pays où le portugais est la langue maternelle de la majorité de la population : le Portugal et le Brésil. Le Portugal compte 10,7 millions d'habitants dont 97% parlent le portugais. Le Brésil a dépassé depuis longtemps la mère patrie par le nombre de ses locuteurs lusophones. En effet, 86% des 198 millions d'habitants de cet immense pays ont le portugais comme langue maternelle. En Afrique, le portugais se présente comme une importante *lingua franca*. Dans le monde, il occupe le cinquième rang des langues les plus parlées.

PRONONCIATION

/a/   Il peut être fermé ou ouvert, selon la syllabe tonique où il se trouve : *fala* [f**a**la] (parle).

Il est toujours ouvert lorsqu'il comporte un accent : *ágil* [**à**gil] (agile).

/ã/   Se prononce *ain* : *lã* [l**ain**] (laine).

/ão/ Se prononce *a-on* : *eles são* [sa-on] (ils sont). Ce son doit se prononcer d'un seul trait et il est nasal.

/am/ À la fin du mot se prononce *a-on* : *eles falam* [fala-on] (ils parlent). Malgré la différence d'orthographe, ce son est identique à celui mentionné ci-dessus.

/c/ Tout comme en français, le *c* est doux devant *i* et *e*, et se prononce alors comme un *s* : *cerro* [serrou] (butte). Devant les autres voyelles, il est dur : *carro* [**ka**rrou] (voiture).

/ç/ Devant *a,o,u* se prononce *ss* : *praça* [pra**ss**a] (place), *caroço* [karo**ss**ou] (noyau).

/e/ Il est muet quand il se trouve en syllabe finale non accentuée : *verde* [ver**d**] (vert).

En syllabe tonique et en syllabe accentuée, il est ouvert : *belo* [**bè**lou] (beau), *ébano* [**è**bano] (ébène).

Quand il est seul, *e* se prononce toujours *i*.

/g/ Comme le *c*, le *g* est doux devant *i* et *e* : *gelo* [**ge**lou] (glace).

Devant les autres voyelles, il est dur : *golfo* [golfou] (golfe).

/ch/ Se prononce *ch*, comme dans « chèque ».

/h/ Ne se prononce pas : *hora* [**o**ra] (heure).

/j/ Se prononce comme en français : *jarro* [**j**arrou] (pot), *jovem* [**j**ovéin] (jeune).

/lh/ Se prononce avec un roulement léger de la langue sur le palais : *molha* [mo**ll**a] (mouille), *velho* [ve**ll**ou] (vieux). Il n'a pas vraiment d'équivalent en français.

/m/ À la fin des mots, il sert à nasaliser la voyelle.

/o/ Se prononce toujours *ou* à la fin du mot quand la syllabe est non accentuée.

Il est ouvert quand la syllabe est tonique ou accentuée : *cola* [**k**ola] (colle), *órbita* [orbita] (orbite).

/õe/   Se prononce *on* : *piões* [pi**on**-ich] (piétons).

/nh/   Se prononce comme le *gn* de « beigne » : *senhor* [se**gn**or] (monsieur).

/r/   Plus roulé et moins guttural qu'en français, sauf au début du mot, où il est toujours guttural.

/rr/   Moins roulé et guttural comme en français.

/qu/   Utilisé avant *e* et *i* se prononce *k* : *quente* [**k**ente] (chaud), *quieto* [**k**ietou] (tranquille).

      Devant les autres voyelles se prononce *kou* : *quando* [**kou**aindou] (quand).

/s/   En début de mot ou doublé (*ss*) se prononce comme en français.

      Se prononce comme le *z* de « zèbre » entre deux voyelles : *casa* [ka**z**a] (maison).

      Se prononce comme le *ch* de « chèque » devant une consonne ou à la fin du mot : *dois* [doï**ch**] (deux).

/u/   Se prononce toujours *ou* : *curto* [k**ou**rtou] (court).

/x/   Peut se prononcer *ch* : *xarope* [**ch**arope] (sirop) ;

      kss : *toxico* [tó**kss**ikou] (toxique) ;

      z : *exemplo* [e**z**emplou] (exemple) ;

      ss : *máximo* [mà**ss**imou] (maximum).

/z/   Se prononce *z* avant une voyelle : *zero* [**z**èrou] (zéro).

      Se prononce comme le *ch* de « chèque » à la fin du mot : *paz* [pa**ch**] (paix).

Dans l'alphabet portugais, les lettres *k*, *w* et *y* n'existent pas. Par contre, nous pouvons retrouver ces lettres dans quelques mots et prénoms étrangers.

Toutes les autres lettres se prononcent comme en français.

TRANSCRIPTION PHONÉTIQUE

Dans ce guide de conversation, vous trouverez les mots répartis en trois colonnes, ou sur trois lignes, et ce, dans chacune des sections.

La **première colonne** donne généralement le mot en français.

Vis-à-vis, dans la **deuxième colonne**, vous trouverez sa traduction portugaise.

Finalement, la **troisième colonne** vous indiquera, grâce à une transcription phonétique, comment prononcer ce mot. Cette phonétique a été élaborée spécialement pour les francophones et se veut le plus simple possible.

Vous trouverez parfois les mots en portugais dans la première colonne, leur traduction en français dans la deuxième et la prononciation du mot portugais dans la troisième colonne, cela afin de vous aider à trouver facilement la signification d'un mot lu ou entendu.

N'oubliez pas de consulter les deux **index** à la fin du guide. Le premier rassemble les mots français dont il est question dans le guide, et le second réunit les mots portugais. Vous pouvez donc toujours vous y référer.

Vous remarquerez aussi que les phrases suggérées, en plus d'être traduites en portugais, sont aussi suivies de la transcription phonétique pour vous aider à les prononcer. Vous trouverez ci-dessous une explication de cette **phonétique**. Retenez que chaque signe se prononce comme en français. Par exemple, le signe [p] dans la phonétique se prononce comme le *p* français et réfère à la lettre *p* en portugais. La lettre *k* n'existe pas dans l'alphabet portugais, mais on l'a utilisée pour faciliter la prononciation dans la phonétique. Le signe [k] se prononce comme le *k* français, mais peut avoir été utilisé pour indiquer la prononciation du *c*, du *q* ou du *qu* portugais. Aussi, nous avons utilisé le tréma (¨) dans la transcription phonétique de quelques mots pour accentuer la voyelle *i*, bien que le tréma n'existe pas en portugais.

PHONÈMES	TRANSCRIPTION PHONÉTIQUE	EXEMPLE	
a	a	*mar*	[**a**r]
á	à	*água*	[**à**goua]
ã	ain	*manhã*	[ma**g**nain]
an	ain	*antes*	[**ain**tech]
ão	a-on	*pão*	[p**a-on**]
b	b	*bar*	[**b**ar]
c	s	*cinco*	[**si**nkou]
	k	*cinco*	[si**n**kou]
ç	ss	*dançar*	[da**i**nssar]
d	d	*dar*	[**d**ar]
e	e	*pelo*	[p**e**lou]
	i	*e*	[**i**]
	è	*belo*	[b**è**lou]
ê	é	*vêz*	[v**é**ch]
é	è	*ébano*	[**è**banou]
f	f	*fim*	[**f**im]
g	g	*gato*	[**ga**tou]
i	i	*italia*	[**i**talia]
	ï	*loiça*	[lo**ï**ssa]
j	j	*jogo*	[**jo**gou]
l	l	*lua*	[**lou**a]
m	m	*medo*	[**me**dou]
n	n	*nado*	[**na**dou]
o	o	*ovo*	[**o**vou]
	ou	*magro*	[ma**grou**]
ões	on-ich	*piões*	[pi**on-ich**]
p	p	*par*	[**p**ar]
qu	k	*quer*	[**k**er]
	kou	*qual*	[**kou**al]

PHONÈMES	TRANSCRIPTION PHONÉTIQUE	EXEMPLE	
r	r	*pera*	[p**e**ra]
rr	rr	*carro*	[**ka**rrou]
s	s	*sol*	[**so**l]
	ss	*massa*	[**ma**ssa]
	ch	*esta*	[**èch**ta]
	z	*casa*	[**ka**za]
t	t	*tua*	[**to**ua]
u	ou	*uva*	[**ou**va]
x	z	*exemplo*	[ez**ém**plou]
	ch	*xarope*	[cha**ro**pe]
	kss	*táxi*	[**tà**kssi]
z	z	*zero*	[**zè**rou]
	ch	*paz*	[**pa**ch]

ACCENTUATION

En portugais, tout comme en français, nous avons les accents aigu et grave pour moduler les syllabes. Il y a deux autres accents importants : l'*esdrúxulo* ou **proparoxyton**, qui module l'antépénultième, p. ex. : *político* [pouliticou] (politicien), et le *til* ou **tilde (~)**, qui sert à nasaliser les voyelles, p. ex. : *pão* [pa-on] (pain). Quant à l'**accent circonflexe (^)**, il module légèrement la syllabe tonique. Le tréma (¨) n'existe pas en portugais.

L'**accent tonique portugais** est de **type lexical**, c'est-à-dire que le mot conserve toujours le même accent quelle que soit sa place dans la phrase, alors qu'en français le mot perd son accent au profit du groupe de mots (**accent syntaxique**).

En portugais, chaque mot comporte une syllabe plus accentuée, l'**accent tonique**, qui est très important, s'avérant souvent nécessaire pour que votre interlocuteur vous comprenne. Si, dans un mot, une voyelle porte un accent aigu, c'est cette syllabe qui doit être accentuée, car, dans le cas contraire, cela peut changer la signification du mot ou exprimer un temps de verbe différent comme dans les cas suivants :

cant*ará*	(futur)
cant*ara*	(plus-que-parfait)
c*ân*tara	(nom)
calcu*lou*	(passé simple)
cal*cu*lo	(présent)
c*ál*culo	(nom)
deposi*tou*	(passé simple)
depo*si*to	(présent)
de*pó*sito	(nom)

S'il n'y a pas d'accent sur le mot, il faut suivre la simple règle qui consiste à accentuer l'avant-dernière syllabe de tout mot qui se termine par une voyelle :

amigo, *casa*, *barco*.

On doit accentuer la dernière syllabe de tout mot qui se termine par une consonne sauf *s* (pluriel des noms et adjectifs) ou *n* (pluriel des verbes) : *amigos*, *falam*.

alcool, *mentol*, *azul*, *nariz*, *correr*.

LES FAUX AMIS

* Il faut porter une attention particulière à certains termes portugais qu'il ne faut surtout pas traduire tels quels. Du reste, ces mots qui sonnent français ont un sens très différent dans notre langue, par exemple, *chá* (thé) — chat (*gato*) ; *magazine* (grand magasin) — magazine (*revista*) ; *novela* (feuilleton) — nouvelle (*notícia*). Bien sûr, il faut appeler un chat un chat, mais il ne faut pas oublier qu'un chat en portugais n'est pas un *chá* mais un *gato*... qui n'est pas un gâteau ! *****

QUELQUES CONSEILS

→ Lisez à haute voix.

→ Écoutez des chansons du pays en essayant de comprendre certains mots.

→ Faites des associations d'idées pour mieux retenir les mots et le système linguistique. Ainsi, en portugais, retenez qu'une terminaison en *o* désigne presque toujours un mot masculin, tandis que les terminaisons en *a* sont généralement réservées aux mots féminins. À titre d'exemple, le prénom João (João Braga) est masculin, alors que Amália (Amália Rodrigues) est féminin.

→ Faites aussi des liens entre le français et le portugais. Par exemple, «dernier» se dit *último* en portugais, un terme voisin d'«ultime» en français. Dans le même ordre d'idées, «excusez-moi» se traduit par *desculpe-me*, *desculpe*, *perdão*, alors qu'on dit également en français «se disculper».

→ Essayez par ailleurs de déduire par vous-même les dérivés de certains mots courants tels que *lento* et *lentamente* pour «lent» et «lentement». Vous élargirez ainsi plus rapidement votre vocabulaire.

DEPOSIT...
DE
SOLA E CABE...

...IEIRA DA S...

45

GRAMMAIRE

LES RÈGLES ESSENTIELLES

Le féminin et le masculin

En portugais, les mots masculins se terminent souvent par *o* et les mots féminins par *a*.

Par exemple :

A lua	**La lune**
O castelo	**Le château**

Cependant, il y a des exceptions.

Par exemple :

O sol	**Le soleil**
U pai	**Le père**
O problema	**Le problème**
A mulher	**La femme**
A mão	**La main**

Élimination du pronom personnel

En portugais, le pronom personnel est généralement omis. Ainsi, pour dire «je voyage beaucoup», on ne dit pas *eu viajo muito*, mais plutôt *viajo muito*. Aussi, pour dire «j'ai soif», on ne dit pas *eu tenho sede*, mais plutôt *tenho sede*.

Par exemple :

Vou à praia.	**Je vais à la plage.**
Caminhamos juntos.	**Nous marchons ensemble.**

La négation

L'usage de la négation est très simple en portugais. Il suffit de mettre *não* devant le verbe.

Par exemple :

Não vou à praia.	**Je ne vais pas à la plage.**
Não come carne.	**Il ne mange pas de viande.**
Não vens comigo ?	**Ne viens-tu pas avec moi ?**

Dans la négation, l'utilisation du pronom personnel est cependant plus fréquente et sert à mettre l'emphase sur la personne. Il faut alors placer *não* entre le pronom personnel et le verbe.

Par exemple :

Tu não vais à discoteca.	**Tu ne vas pas à la discothèque.**
Eu não quero ver-te.	**Je ne veux pas te voir.**

L'article partitif

L'article partitif «du» et son pluriel «des» n'existent pas en portugais.

Par exemple:

Comemos pão.   **Nous mangeons du pain.**

Compro roupa.   **J'achète des vêtements.**

L'article défini

L'article défini est utilisé comme en français, soit devant le mot qu'il désigne. La seule différence est qu'au pluriel l'article défini s'accorde en genre.

Au féminin pluriel:

Par exemple:

As flores   **Les fleurs**

As bibliotecas   **Les bibliothèques**

Au masculin pluriel:

Par exemple:

Os cadernos   **Les cahiers**

Os livros   **Les livres**

De plus, *o* est équivalent de «le» en français (masculin singulier).

Par exemple:

O cão   **Le chien**

O gato   **Le chat**

2 Grammaire

A est l'équivalent de «la» en français (féminin singulier).

Par exemple:

A praia   **La plage**

L'article indéfini

L'article indéfini s'utilise comme en français au singulier. Cependant, l'article indéfini s'accorde en genre au pluriel.

Au féminin pluriel:

Par exemple:

Umas amigas   **Des amies**

Umas mesas   **Des tables**

Au masculin pluriel:

Par exemple:

Uns amigos   **Des amis**

Uns copos   **Des verres**

Au singulier, l'article indéfini masculin est *um*.

Par exemple:

Um amigo   **Un ami**

Au singulier, l'article indéfini féminin est *uma*.

Par exemple:

Uma casa   **Une maison**

Le pronom personnel sujet

En français, la forme polie pour s'adresser à une ou plusieurs personnes consiste à remplacer le «tu» par le «vous». En portugais, on s'exprime d'une manière très polie; donc nous devons employer *o senhor / a senhora* (le monsieur / la dame) pour le singulier et *os senhores / as senhoras* pour le pluriel.

Vous êtes un très bon guide.
O senhor / a senhora é muito bom/boa guia.

Avez-vous une chambre libre?
O senhor / a senhora tem um quarto livre?

Vous êtes très aimables.
Os senhores / as senhoras são muito amavéis.

Savez-vous qui est le chauffeur?
Os senhores / as senhoras sabem quem é o motorista?

MOTS D'ORIGINE PORTUGAISE EN FRANÇAIS

* Introduits à l'issue des Grandes découvertes, soit à l'époque où le Portugal prit son expansion coloniale et commerciale après la découverte du cap de Bonne-Espérance par Vasco de Gama en 1497, plusieurs mots d'origine africaine, sud-américaine ou asiatique ont été transmis au français par le canal du portugais, par exemple, banane, macaque, manioc, samba, topinambour, typhon, samba. Par contre, plusieurs mots nous sont parvenus directement du Portugal à l'époque moderne, comme autodafé, baroque, cachalot, pintade, vigie, zèbre. *

LES VERBES

. . . .

Il y a, en portugais comme en français, trois groupes de verbes qui se distinguent d'après les terminaisons de l'infinitif qui sont *ar*, *er* et *ir*.

Notez que, faute d'espace, nous n'avons pas mentionné les pronoms personnels dans la conjugaison des verbes. Ils devraient toujours se lire comme suit :

	Français	**Portugais**
1re pers. du singulier	Je	*Eu*
2e pers. du singulier	Tu	*Tu*
3e pers. du singulier	Il, Elle	*Ele, Ela* *(o senhor,* *a senhora)*
1re pers. du pluriel	Nous	*Nós*
2e pers. du pluriel	Vous	*Vós*
3e pers. du pluriel	Ils, Elles	*Eles, Elas* *(os senhores /* *as senhoras)*

L'impératif

Si vous connaissez le présent de l'indicatif des verbes réguliers, vous pourrez donner des ordres sans peine.

L'impératif en portugais n'est ainsi que la troisième personne de l'indicatif présent.

Par exemple :

S'il te plaît, monte mes valises à la chambre.
Por favor sobe as minhas malas ao quarto.

Ferme la porte.
Fecha a porta.

Si vous utilisez la forme polie avec *o senhor / a senhora*, il faut changer la terminaison du verbe régulier à l'infinitif par :

verbes en *ar* : *e* ;

verbes en *ir* et *er* : *a*.

Par exemple :

S'il vous plaît, monsieur, madame, montez mes valises.
Por favor, (o senhor / a senhora) suba as minhas malas (subir : suba).

Achetez-moi un billet, s'il vous plaît.
Compre-me um bilhete por favor (comprar : compre).

Si vous avez à donner des ordres à plusieurs personnes, vous devez remplacer la terminaison du verbe régulier à l'infinitif par :
verbes en *ar* : *em* ;
verbes en *ir* et *er* : *am*.

Par exemple :

S'il vous plaît, montez mes valises à la chambre.
Por favor, subam as minhas malas (subir : subam).

Parlez plus lentement.
Falem mais devagar (falar : falem).

Le passé simple

Le passé composé n'est pas employé en portugais. On utilise plutôt le passé simple dans la langue parlée. Ainsi, pour toute action qui s'est déroulée dans une période de temps passée, il faut utiliser le passé simple.

Par exemple :

Ontem, fomos ao museu.
Hier nous fûmes au musée.

O ano passado ganhei muito dinheiro.
L'an passé je gagnai beaucoup d'argent.

2 Grammaire

1ᵉʳ groupe (verbes en *ar*)

aimer – *amar*

Infinitif – *Infinitivo*			
Simple	*Simple*	**Composé**	*Composto*
aimer	*amar*	avoir aimé	*ter amado*

Participe – *Participio*			
Présent	*Gerúndio*	**Passé**	*Passado*
aimant	*amando*	aimé-ée	*amado/a*
		ayant aimé	*tendo amado*

Indicatif – *Indicativo*

Présent	*Presente*
aime	*amo*
aimes	*amas*
aime	*ama*
aimons	*amamos*
aimez	*amais*
aiment	*amam*

Imparfait	*Imperfeito*	**Plus-que-parfait**	*Mais-que-perfeito*
aimais	*amava*	avais aimé	*tinha amado*
aimais	*amavas*	avais aimé	*tinhas amado*
aimait	*amava*	avait aimé	*tinha amado*
aimions	*amávamos*	avions aimé	*tínhamos amado*
aimiez	*amáveis*	aviez aimé	*tínheis amado*
aimaient	*amavam*	avaient aimé	*tínham amado*

Passé simple	*Pretérito perfeito*	Futur simple	*Futuro*
aimai	*amei*	aimerai	*amarei*
aimas	*amaste*	aimeras	*amarás*
aima	*amou*	aimera	*amará*
aimâmes	*amamos*	aimerons	*amaremos*
aimâtes	*amastes*	aimerez	*amareis*
aimèrent	*amaram*	aimeront	*amarão*

2e groupe (verbes en *er*)

craindre – *temer*

Infinitif – *Infinitivo*

Simple	*Simple*	**Composé**	*Composto*
craindre	*temer*	avoir craint	*ter temido*

Participe – *Particípio*

Présent	*Gerúndio*	**Passé**	*Passado*
craignant	*temendo*	craint ainte	*temido/a*
		ayant craint	*tendo temido*

Indicatif – *Indicativo*

Présent	*Presente*
crains	*temo*
crains	*temes*
craint	*teme*
craignons	*tememos*
craignez	*temeis*
craignent	*temem*

Imparfait	*Imperfeito*	Plus-que-parfait	*Mais-que-perfeito*
craignais	*temia*	avais craint	*tinha temido*
craignais	*temias*	avais craint	*tinhas temido*
craignait	*temia*	avait craint	*tinha temido*
craignions	*temíamos*	avions craint	*tinhamos temido*
craigniez	*temíeis*	aviez craint	*tinheis temido*
craignaient	*temiam*	avaient craint	*tinham temido*

Passé simple	*Pretérito perfeito*	Futur simple	*Futuro*
craignis	*temi*	craindrai	*temerei*
craignis	*temeste*	craindras	*temerás*
craignit	*temeu*	craindra	*temerá*
craignîmes	*tememos*	craindrons	*temeremos*
craignîtes	*temestes*	craindrez	*temereis*
craignirent	*temeram*	craindront	*temerão*

3ᵉ groupe (verbes en *ir*)

partir – *partir*

Infinitif – *Infinitivo*

Simple	*Simple*	Composé	*Composto*
partir	*partir*	être parti	*ter partido*

Participe – *Particípio*

Présent	*Gerúndio*	Passé	*Passado*
partant	*partindo*	parti-ie	*partido*
		étant parti	*tendo partido*

Indicatif – *Indicativo*

Présent	*Presente*
pars	*parto*
pars	*partes*
part	*parte*
partons	*partimos*
partez	*partis*
partent	*partem*

Imparfait	*Imperfeito*	**Plus-que-parfait**	*Mais-que-perfeito*
partais	*partia*	étais parti	*tinha partido*
partais	*partias*	étais parti	*tinhas partido*
partait	*partia*	était parti	*tinha partido*
partions	*partíamos*	étions partis	*tinhamos partido*
partiez	*partíeis*	étiez partis	*tinheis partido*
partaient	*partiam*	étaient partis	*tinham partido*

Passé simple	*Pretérito perfeito*	**Futur simple**	*Futuro*
partis	*parti*	partirai	*partirei*
partis	*partiste*	partiras	*partirás*
partit	*partiu*	partira	*partirá*
partîmes	*partimos*	partirons	*partiremos*
partîtes	*partistes*	partirez	*partireis*
partirent	*partiram*	partiront	*partirão*

Le verbe «être»

En portugais, le verbe «être» s'exprime par deux verbes irréguliers: *ser* et *estar*.

Ser exprime l'existence et, d'une manière générale, un état permanent. Plus spécifiquement:

a) l'occupation

Je suis touriste.	*Eu sou turista.*	[**é**ou sô tour**ich**ta]

b) la couleur

Le manteau	*O casaco*	[Ou caz**a**co
est noir.	*é preto.*	è **pre**to]

c) la qualité

La piscine	*A piscina*	[a pi**chi**na
est petite.	*é pequena.*	è pe**ké**na]

d) la possession

C'est le passeport	*O pasaporte*	[o passa**por**te
de María.	*é de Maria.*	è de mar**ia**]

e) l'origine

Tu es du Portugal.	*Tu és de Portugal.*	[tou èch de Pourtougal]

f) la nationalité

Ana est Portugaise.	*Ana é Portuguesa.*	[Ana è pourtu**gue**sa]

g) la matière

La boîte	*A caixa*	[a k**a**icha
est en cuir.	*é de couro.*	è de **ko**rou]

Estar permet de situer une personne ou un objet et indique, d'une manière générale, un état temporaire; ce verbe sert à localiser les personnes ou les objets et à décrire les états ponctuels.

a) **Je suis (vais) bien.** *Estou bem.* [est**o** béin]

b) **Anne est (se trouve)** *Anne está* [Ana ech**tà** **à Lisbonne.** *em Lisboa.* éin Lichboa]

être – *ser*

Infinitif – *Infinitivo*

Simple	*Simple*	Composé	*Composto*
être	ser	avoir été	ter sido

Participe – *Participio*

Présent	*Gerúndio*	Passé	*Passado*
étant	sendo	été	sido
		ayant été	tendo sido

Indicatif – *Indicativo*

Présent	*Presente*
suis	sou
es	és
est	é
sommes	somos
êtes	sois
sont	são

Imparfait	*Imperfeito*	Plus-que-parfait	*Mais-que-perfcito*
étais	era	avais été	tinha sido
étais	eras	avais été	tinhas sido
était	era	avait été	tinha sido
étions	éramos	avions été	tínhamos sido
étiez	éreis	aviez été	tínheis sido
étaient	eram	avaient été	tinham sido

Passé	*Pretérito*	Futur	*Futuro*
simple	*perfeito*	simple	
fus	*fui*	serai	*serei*
fus	*foste*	seras	*serás*
fut	*foi*	sera	*será*
fûmes	*fomos*	serons	*seremos*
fûtes	*fostes*	serez	*sereis*
furent	*foram*	seront	*serão*

être – *estar*

Infinitif – *Infinitivo*

Simple	*Simple*	**Composé**	*Composto*
être	*estar*	avoir été	*ter estado*

Participe – *Particípio*

Présent	*Gerúndio*	**Passé**	*Passado*
étant	*estando*	été	*estado*
		ayant été	*tendo*
			estado

Indicatif – *Indicativo*

Présent	*Presente*
suis	*estou*
es	*estás*
est	*está*
sommes	*estamos*
êtes	*estais*
sont	*estão*

Imparfait	*Imperfeito*	Plus-que-parfait	*Mais-que-perfeito*
étais	*estava*	avais été	*tinha estado*
étais	*estavas*	avais été	*tinhas estado*
était	*estava*	avait été	*tinha estado*
étions	*estávamos*	avions été	*tinhamos estado*
étiez	*está veis*	aviez été	*tínheis estado*
étaient	*estavam*	avaient été	*tinham estado*

Passé simple	*Pretérito perfeito*	Futur simple	*Futuro*
fus	*estive*	serai	*estaréi*
fus	*estiveste*	seras	*estarás*
fut	*esteve*	sera	*estará*
fûmes	*estivemos*	serons	*estaremos*
fûrent	*estivesteis*	serez	*estareis*
furent	*estiveram*	seront	*estarão*

LE PORTUGAIS BRÉSILIEN

✳ Le portugais brésilien diffère du portugais des autres pays lusophones. Il a incorporé quelques mots d'origine africaine et autochtone, par assimilation des dialectes parlés au Brésil pendant la colonisation. ✳

Le verbe «avoir»

L'équivalent d'«avoir» en portugais est le verbe irrégulier *ter*. On le conjugue comme suit:

avoir – *ter*

Infinitif – *Infinitivo*			
Simple	*Simple*	**Composé**	*Composto*
avoir	*ter*	avoir eu	*ter tido*

Participe – *Participio*			
Présent	*Gerúndio*	**Passé**	*Passado*
ayant	*tendo*	eu-eue	*tido*
		ayant eu	*tendo tido*

Indicatif – *Indicativo*	
Présent	*Presente*
ai	*tenho*
as	*tens*
a	*tem*
avons	*temos*
avez	*tendes*
ont	*têm*

Imparfait	*Imperfeito*	**Plus-que-parfait**	*Mais-que-perfeito*
avais	*tinha*	avais eu	*tinha tido*
avais	*tinhas*	avais eu	*tinhas tido*
avait	*tinha*	avait eu	*tinha tido*
avions	*tínhamos*	avions eu	*tínhamos tido*
aviez	*tinheis*	aviez eu	*tínheis tido*
avaient	*tinham*	avaient eu	*tinham tido*

Passé simple	Pretérito perfeito	Futur	Futuro
eus	tive	aurai	teréi
eus	tiveste	auras	terás
eut	teve	aura	terá
eûmes	tivemos	aurons	teremos
eûtes	tivestes	aurez	tereis
eurent	tiveram	auront	terão

Quelques verbes courants

Infinitif

ouvrir	abrir	[abrir]
aller	ir	[ir]
venir	vir	[vir]
donner	dar	[dar]
pouvoir	poder	[poudar]
vouloir	querer	[kerar]
parler	falar	[falar]
manger	comer	[koumar]

Présent de l'indicatif (1re personne)

ouvre	abro	[abrou]
vais	vou	[vo]
viens	venho	[vaqnou]
donne	dou	[do]
peux	posso	[possou]
veux	quero	[kèrou]
parle	falo	[falou]
mange	como	[komou]

Imparfait (1re personne)

ouvrais	*abria*	[ab**ria**]
allais	*ia*	[**ia**]
venais	*vinha*	[**vi**gna]
donnais	*dava*	[**da**va]
pouvais	*podia*	[pou**dia**]
voulais	*queria*	[ke**ria**]
parlais	*falava*	[fa**la**va]
mangeais	*comia*	[kou**mia**]

Futur (1re personne)

ouvrirai	*abrirei*	[abrir**eï**]
irai	*irei*	[ir**eï**]
viendrai	*virei*	[vir**eï**]
donnerai	*darei*	[dar**eï**]
pourrai	*poderei*	[poude**reï**]
voudrai	*quererei*	[kere**reï**]
parlerai	*falarei*	[fala**reï**]
mangerai	*comerei*	[**kou**me**reï**]

D'autres verbes pratiques à l'infinitif

accepter	*aceitar*	[as**séi**tar]
arrêter	*parar*	[pa**rar**]
comprendre	*compreender*	[k**on**priender]
conduire	*conduzir*	[k**on**douzir]
confirmer	*confirmar*	[k**on**firmar]
coûter	*custar*	[**cou**chtar]
demander	*pedir*	[pe**dir**]
écouter	*escutar*	[ech**cou**tar]
entendre	*ouvir*	[**o**vir]
indiquer	*indicar*	[in**di**car]
mettre	*meter*	[me**tér**]
obtenir	*obter*	[ob**tér**]
partir	*partir*	[par**tir**]
passer	*passar*	[**pa**ssar]
payer	*pagar*	[pa**gar**]
rire	*rir*	[**rr**ir]
sortir	*sair*	[sa**ïr**]
voyager	*viajar*	[via**jar**]

RENSEIGNEMENTS GÉNÉRAUX

MOTS ET EXPRESSIONS USUELS
PALAVRAS E EXPRESSÕES USUAIS

Oui	*Sim*	[sin]
Non	*Não*	[**na**-on]
Peut-être	*Talvez*	[**tal**véch]
Excusez-moi	*Desculpe*	[**dech**coulpe]
Bonjour (forme familière)	*Olá*	[o**là**]
Bonjour (le matin)	*Bom dia*	[bon **di**a]
Bonjour (l'après-midi)	*Boa tarde*	[boa **tar**de]
Bonne nuit	*Boa noite*	[boa **noi**te]
Salut	*Adeus*	[adé**ouch**]
Au revoir	*Até breve* *Até logo*	[a**tè brè**ve] [a**tè lo**gou]
Merci	*Obrigado/a*	[obri**ga**dou/a]
Merci beaucoup	*Muito obrigado/a*	[mo**uin**tou obri**ga**dou/a]
S'il vous plaît	*Por favor*	[pour fa**vor**]
Je vous en prie	*De nada*	[de **na**da]

Comment allez-vous ?	*Como está ? O senhor / a senhora ?*	[**ko**mou ech**tà** ou se**gno**r, a se**gno**ra]
Très bien, et vous ?	*Muito bem E o senhor / a senhora ?*	[**mou**intou bein] [i ou se**gno**r, a se**gno**ra]
Très bien, merci	*Muito bem obrigado*	[**mou**intou bein obri**ga**dou/a]
Où se trouve... ? l'hôtel... ?	*Onde é... o hôtel... ?*	[**on**de è ou o**tel**]
Est-ce qu'il y a... ?	*Há... ?*	[**à**]

Est-ce qu'il y a une piscine ?
Tem piscina ?
[**Tè**in pich**ï**na]

Est-ce loin d'ici ?
É longe daqui ?
[è **lon**ge da**kï**]

Est-ce près d'ici ?
É perto daqui ?
[È **pèr**tou da**kï**]

ici	*aqui*	[a**ki**]
là	*ali, lá*	[a**lï**, là]
à droite	*à direita*	[à di**rei**ta]
à gauche	*à esquerda*	[à ech**ker**da]
tout droit	*a direito*	[a di**rei**tou]
avec	*com*	[k**on**]
sans	*sem*	[s**ein**]

beaucoup	*muito*	[**moui**ntou]
peu	*pouco*	[**po**kou]
souvent	*muitas vezes*	[**moui**tach vézech]
de temps à autre	*de vez em quando*	[de v**ech** ein **kouain**dou]
quand	*quando*	[**kouain**dou]
très	*muito*	[**moui**ntou]
aussi	*também*	[tamb**éin**]
au-dessus de (sur)	*em cima de (sobre)* *(por cima de)*	éin **si**ma de [pour **si**ma de]
au-dessous de (sous)	*debaixo* *(por debaixo de)*	de **bai**chou [pour de**bai**chou de]
en haut	*em cima*	[éin **si**ma]
en bas	*em baixo*	[éin **bai**chou]

Excusez-moi, je ne comprends pas.
Desculpe não compreendo.
[dech**oul**pe **na-on** konpri**én**dou]

Pouvez-vous parler plus lentement, s'il vous plaît ?
Pode falar mais devagar por favor ?
[**po**de fa**lar** m**aich** deva**gar** pour fa**vor**]

Pouvez-vous répéter, s'il vous plaît ?
Pode repetir por favor ?
[**po**de repe**tir** pour fa**vor**]

Parlez-vous français ?
Fala francês ?
[**fa**la fran**sséch**]

Je ne parle pas portugais.
Não falo português.
[**na**-**on** **fa**lou pourtou**guéch**]

Y a-t-il quelqu'un ici qui parle français ?
Há alguém aqui que fale francês ?
[À al**guèin** a**ki** que **fa**le frans**séch**]

Y a-t-il quelqu'un ici qui parle anglais ?
Há alguém aqui que fale inglês ?
[À al**guein** a**ki** que **fa**le in**gléch**]

Est-ce que vous pouvez me l'écrire ?
Pode, escrever-lo ?
[**po**de echcre**ver**-**lou**]

Qu'est-ce que cela veut dire ?
Que quer dizer isto ?
[ke **kè**r di**zer** **ich**tou]

Que veut dire le mot... ?
Que quer dizer a palavra... ?
[ke **kè**r di**zer** a pala**v**ra]

Je comprends.
Compreendo.
[kompri**éin**dou]

Comprenez-vous ?
O senhor / a senhora comprende ?
[Ou se**gnor** / a se**gno**ra konpri**en**de]

En français, on dit...
Em francês diz-se...
[éin fran**céch** **dich**-se]

En anglais, on dit...
Em inglês diz-se...
[éin in**gléch** **dich**-se]

Pouvez-vous me l'indiquer dans le livre?
Pode-mo indicar no livro?
[**po**de-mou indi**kar** nou **li**vrou]

Puis-je avoir...?
Posso ter...?
[**po**ssou ter]

Je voudrais avoir...
Desejaria ter...
[deseja**ria** ter]

Je ne sais pas.
Eu não sei.
[éou **na-on sei**]

LES COULEURS
AS CORES

blanc/che	*branco/a*	[br**ain**cou/a]
noir/e	*preto/a*	[**pré**tou/a]
rouge	*vermelho/a*	[verm**é**lhou/a]
vert/e	*verde*	[**vér**de]
bleu/e	*azul*	[az**oul**]
jaune	*amarelo/a*	[amar**è**lou/a]

LES NOMBRES
OS NÚMEROS

un	*um, uma*	[**ou**n	**ou**ma]
deux	*dois, duas*	[do**ich**, dou**ach**]
trois	*três*	[tré**ch**]
quatre	*quatro*	[**koua**trou]
cinq	*cinco*	[**sin**kou]
six	*seis*	[**sé**ich]
sept	*sete*	[**sè**te]
huit	*oito*	[**oi**tou]
neuf	*nove*	[**no**ve]
dix	*dez*	[dè**ch**]
onze	*onze*	[**on**ze]
douze	*doze*	[**do**ze]
treize	*treze*	[**tre**ze]
quatorze	*quatorze*	[kat**or**ze]
quinze	*quinze*	[**kin**ze]
seize	*dezasseis*	[dezass**éich**]
dix-sept	*dezassete*	[dezas**se**te]
dix-huit	*dezoito*	[de**zoi**tou]
dix-neuf	*dezanove*	[deza**no**ve]
vingt	*vinte*	[**vi**nte]
vingt et un	*vinte e um,uma*	[**vi**nte et oun, ouma]
vingt-deux	*vinte e dois*	[**vi**nte i do**ich**]

trente	*trinta*	[**tri**nta]
trente et un	*trinta e um*	[**tri**nta et oun]
trente-deux	*trinta e dois*	[**tri**nta et d**oi**ch]
quarante	*quarenta*	[koua**rén**ta]
quarante et un	*quarenta e um/a*	[koua**rén**ta i oun]
cinquante	*cinquenta*	[sink**ouéin**ta]
soixante	*sessenta*	[se**ssén**ta]
soixante-dix	*setenta*	[se**tén**ta]
quatre-vingt	*oitenta*	[oi**tén**ta]
quatre-vingt-dix	*noventa*	[nou**vén**ta]
cent	*cem /cento*	[**séin**	**sén**tou]
deux cents	*duzentos*	[douz**én**touch]
deux cent quarante deux	*duzentos e quarenta e dois*	[douz**én**touch i kouar**en**ta i d**oi**ch]
cinq cents	*quinhentos*	[kign**én**touch]
mille	*mil*	[mil]
dix mille	*dez mil*	[d**èch** mil]
un million	*um milhão*	[oun milla-**on**]

Pour « trente » et « quarante », comme on peut voir ci-dessus, et les autres nombres jusqu'à « quatre-vingt-dix », on doit ajouter au nombre en question *e + um, dois, três,* etc. À partir de « cent », on y ajoute aussi *e*.

L'HEURE ET LE TEMPS
HORA E TEMPO

Heure – *Hora*

Quelle heure est-il ?	*Que horas são ?*	[ke **ó**rach **sa**-on]
Il est une heure.	*É uma hora.*	[è **ou**ma **ò**ra]
Il est deux heures.	*São duas horas.*	[**sa**-on **dou**ach **ò**rach]
trois heures et demie	*três e meia*	[**trèch** i **méia**]
quatre heures et quart	*quatro e um quarto*	[**koua**trou i oun **kouar**tou]
cinq heures moins le quart	*cinco menos um quarto*	[**sin**kou **mé**nouch oun **kouar**tou]
six heures cinq	*seis e cinco*	[**séich** i **sin**kou]
sept heures moins dix	*sete menos dez*	[**sète** me**nouch** **dèch**]
Dans un quart d'heure	*Num quarto de hora*	[noun **kouar**tou de **ho**ra]
Dans une demi-heure	*Daqui a meia hora*	[da**ki** a **méia** **ho**ra]
Dans une heure	*Daqui a uma hora*	[da**ki** a **ou**ma **o**ra]
Dans un instant	*Num instante*	[noun incht**ain**te]
Un instant, s'il vous plaît	*Un momento, por favor*	[oun mo**men**tou pour fa**vor**]
Quand ?	*Quando ?*	[**koua**indou]
Tout de suite	*Em seguida*	[éin se**gui**da]

Maintenant	*Agora*	[a**go**ra]
Ensuite	*Depois*	[de**poich**]
Plus tard	*Mais tarde*	[ma**i**s **tar**de]
Je reviendrai dans une heure.	*Voltarei Daqui a uma hora.*	[voltar**éi** da**ki** a ouma **o**ra]

DÉCALAGE HORAIRE

✳ Le Portugal vit avec un décalage d'une heure par rapport à la France, et le décalage est de cinq heures avec le Québec. Quand il est midi à Montréal, il est 17h à Lisbonne. Le Portugal applique les heures d'été et d'hiver aux mêmes dates que les autres pays européens qui ont adopté cette mesure (les derniers dimanches des mois de mars et d'octobre). ✳

Moments de la journée – *Momentos do dia*

jour	*dia*	[**di**a]
nuit	*noite*	[**noi**te]
matin	*manhã*	[ma**gnain**]
après-midi	*tarde*	[**tar**de]
soirée	*fim da tarde*	[**fi**n da **tar**de]

aujourd'hui	*hoje*	[oje]
ce matin	*esta manhã*	[**èch**ta ma**gnain**]
cet après-midi	*esta tarde*	[**èch**ta **tar**de]
ce soir	*esta noite*	[**éch**ta **noi**te]
demain	*amanhã*	[ama**gnain**]
demain matin	*amanhã de manhã*	[ama**gnain** de ma**gnain**]
demain après-midi	*amanhã de tarde*	[**a**ma**gnain** de **tar**de]
demain soir	*amanhã de noite*	[**a**ma**gnain** de **noi**te]
après-demain	*depois de amanhã*	[de**poich** de ama**gnain**]
hier	*ontem*	[ont**èin**]
avant-hier	*anteontem*	[anteont**èin**]
semaine	*semana*	[sem**a**na]
la semaine prochaine	*a semana próxima*	[a sem**a**na **pross**ima]
la semaine dernière	*a semana passada*	[a sem**a**na pas**sa**da]
lundi prochain	*segunda-feira próxima*	[se**goun**da-**fé**ira **pross**ima]

Jours de la semaine – *Dias da semana*

dimanche	*domingo*	[dou**min**gou]
lundi	*segunda-feira*	[se**goun**da-**fé**ira]
mardi	*terça-feira*	[ter**ça**-**fé**ira]
mercredi	*quarta-feira*	[**kouar**ta – **fé**ira]

jeudi	*quinta-feira*	[**kin**ta-**féi**ra]
vendredi	*sexta-feira*	[**sech**ta-**féi**ra]
samedi	*sábado*	[**sà**badou]

Mois – *Meses*

janvier	*janeiro*	[ja**néi**rou]
février	*fevereiro*	[fever**éi**rou]
mars	*março*	[**mars**sou]
avril	*abril*	[a**bril**]
mai	*maio*	[**mai**ou]
juin	*junho*	[**jou**gnou]
juillet	*julho*	[**jou**llou]
août	*agosto*	[a**goch**tou]
septembre	*setembro*	[se**tém**brou]
octobre	*outubro*	[o**tou**brou]
novembre	*novembro*	[nou**vém**brou]
décembre	*dezembro*	[de**zém**brou]

À quelle heure la chambre sera-t-elle prête ?
A que horas estará o quarto pronto ?
[a ke **ho**ras echta**rà** ou **kouar**tou **pron**tou]

À quelle heure doit-on quitter la chambre ?
A que horas se deve deixar o quarto ?
[a ke **ho**rach se **dè**ve déi**char** ou **kouar**tou]

Quel est le décalage horaire entre... et... ?
Qual é a diferença de horas entre... e...?
[Kou**al** è a difer**énssa** de **ò**rach **en**tre... i...]

PAYS ET NATIONALITÉS
PAÍSES E NACIONALIDADES

....

Allemagne	*Alemanha*	[ale**ma**gna]
Angleterre	*Inglaterra*	[éinglat**èrra**]
Australie	*Austrália*	[àoucht**rà**lia]
Autriche	*Austria*	[**àou**chtria]
Belgique	*Bélgica*	[**bèl**gika]
Brésil	*Brasil*	[bra**zil**]
Canada	*Canadá*	[kana**dà**]
Écosse	*Escócia*	[echk**o**ssia]
Espagne	*Espanha*	[echp**a**gna]
États-Unis	*Estados-Unidos*	[**echta**douch-ounidouch]
France	*França*	[**frain**ssa]
Grande-Bretagne	*Grã Bretanha*	[grain Bret**a**gna]
Grèce	*Grécia*	[**grè**ssia]
Irlande	*Irlanda*	[**ir**lainda]
Italie	*Itália*	[it**à**lia]
Pays-Bas	*Holanda*	[**o**lainda]
Québec	*Quebeque*	[que**bè**que]
Russie	*Rússia*	[**rou**ssia]
Suisse	*Suiça*	[**sou**issa]
Je suis...	*Sou...*	[sô]
Allemand/e	*Alemão/ã*	[ale**ma**-on/**main**]

Anglais/e	*Inglês/a*	[eing**lêch**/**lêza**]
Américain/e	*Americano/a*	[ameri**ka**nou/a]
Australien/ne	*Australiano/a*	[auchtra**lia**nou/**lia**na]
Autrichien/ne	*Austriaco/a*	[auch**triak**ou/a]
Belge	*Belga*	[**bèl**ga]
Brésilien/ne	*Brasileiro/a*	[brasi**léi**rou/a]
Canadien/ne	*Canadiano/a*	[kana**dia**nou/a]
Espagnol/e	*Espanhol/a*	[espa**gnol**/a]
Français/e	*Francés/esa*	[frainss**séch**/**zeza**]
Italien/ne	*Italiano/a*	[itali**ano**/a]
Grec/que	*Grêgo/a*	[**gré**gou/a]
Hollandais/e	*Holandês/a*	[olain**déch**/**déza**]
Irlandais/e	*Irlandês/a*	[irlain**déch**/**déza**]
Italien/ne	*Italiano/a*	[itali**a**nou/a]
Portugais/e	*Portuguës/a*	[pourtou**guéch**/**gueza**]
Québécois/e	*Quebequense*	[quebè**kein**se]
Suisse	*Suiço/a*	[**sou**issou/a]

FORMALITÉS D'ENTRÉE
FORMALIDADES DE ENTRADA

l'ambassade	*a embaixada*	[a einbai**chada**]
bagages	*bagagens*	[ba**ga**géinch]
carte de tourisme	*cartão de turismo*	[car**ta**-on de tou**rich**mou]

citoyen	*cidadão*	[cida**da**-on]
le consulat	*o consulado*	[ou konsou**la**dou]
douane	*alfândega*	[al**fain**dega]
immigration	*imigração*	[imigra**ssa**-on]
passeport	*passaporte*	[passa**por**te]
sac	*saco*	[**sa**kou]
valise	*mala de viagem*	[**ma**la de **via**géin]
visa	*visa*	[**vi**za]

PRÉPARATION DE VOS VALISES

✱ Tout dépend du genre de voyage que vous projetez et de la saison à laquelle vous y irez. Mais rappelez-vous que le short et le jean ne permettront pas toujours l'accès aux églises et aux monastères.

Les côtes du Portugal bénéficiant de belles plages et le sud du Portugal se retrouvant à la latitude de la Sicile et des Carolines, lunettes de soleil, crème solaire et chapeau devraient aussi être placés dans vos bagages, peu importe la date de votre voyage. Enfin, les amateurs de plein air n'oublieront pas de s'équiper d'une bonne paire de chaussures de marche, la région de Sintra ainsi que le nord du pays étant particulièrement propices à ce genre d'activité. ✱

Votre passeport, s'il vous plaît.
O seu passaporte por favor.
[Ou séou passa**porte** pour fa**vor**]

Combien de temps allez-vous séjourner au pays?
Quanto tempo vai ficar no país?
[**kouain**to tempo **va**i fi**kar** nou p**aich**]

Trois jours	*Três días*	[tr**éch** di**ach**]
Une semaine	*Uma semana*	[**ou**ma se**ma**na]
Un mois	*Um mês*	[oun m**éch**]

Avez-vous un billet de retour?
Tem um bilhete de regresso?
[téin oun **bi**llé**t**e de re**grè**ssou]

Quelle sera votre adresse dans le pays?
Qual é a sua morada no país?
[kou**al** è a soua mour**ada** nou p**aich**]

Voyagez-vous avec des enfants?
Viaja com crianças?
[vi**aja** kon **kriain**ssach]

Voici le consentement de sa mère (de son père).
Aqui está a autorização de sua mãe, de seu pai.
[a**kí** ech**tà** a **àou**touriza**ssa-**on de soua **ma**-on | de séou **pai**]

Je ne suis qu'en transit.
Estou em trânsito.
[echt**o** éin **train**sitou]

Je suis en voyage d'affaires.
Estou em viagem de negócios.
[echt**o** ein **via**géin de ne**go**ssiouch]

Je suis en voyage touristique.
Estou em viagem de turismo.
[ech**to** éin **via**géin de tou**rich**mou]

Pouvez-vous ouvrir votre sac, s'il vous plaît ?
Pode abrir o seu saco por favor ?
[**po**de ab**rir** ou seu **sak**ou pour fa**vor**]

Je n'ai rien à déclarer.
Não tenho nada a declarar.
[**na**-on **ta**gnou **na**da a dekla**rar**]

L'AÉROPORT
O AEROPORTO

autobus	*autocarro*	[aou**to**ka**rrou**]
avion	*avião*	[a**via**-on]
bateau	*barco*	[**bar**kou]
taxi	*táxi*	[**tàk**ssi]
train	*trem,combóio*	[tr**éin**-kom**boi**ou]
voiture	*automóvel, carro*	[aoutou**movèl** | **ka**rrou]
voiture de location	*automóvel, carro para alugar*	[aoutou**movèl** | **ka**rrou | **pa**ra alou**gar**]
office de tourisme	*repartição de turismo*	[reparti**ssa**-on de tou**rich**mou]
renseignements touristiques	*informações turísticas*	[infourma**sson-ich** tou**rich**tikas]

J'ai perdu une valise.
Perdi uma mala.
[per**di** ouma **ma**la]

J'ai perdu mes bagages.
Perdi as minhas bagagens.
[per**di** ach **mi**gnach ba**gà**géinch]

Je suis arrivé sur le vol n°... de...
Cheguei no vôo número... de...
[che**guéi** no **vô**o **nou**merou... de...]

Je n'ai pas encore eu mes bagages.
Ainda não recebi as minhas bagagens.
[a**in**da **na**-on rece**bi** as **mi**gnach ba**gà**géinch]

Y a-t-il un bus qui se rend au centre-ville ?
Há um autocarro que vá para o centro da cidade?
[à uon aouto**ka**rrou ke **và** para o **sen**trou da ci**da**de]

Où le prend-on ?
Onde é que se apanha?
[**on**de è ke se a**pa**gna]

Quel est le prix du billet ?
Quanto custa o bilhete?
[**kouain**tou **kouch**ta ou **bi**lléte]

Est-ce que ce bus va à ... ?
Esse autocarro vai para ...?
[**é**sse aouto**ka**rrou vai para]

Combien de temps faut-il pour se rendre à l'aéroport ?
Quanto tempo é necessário para chegar ao aeroporto?
[**kouain**tou **tèm**pou è nece**ssa**riou para che**gar** aou aéro**por**tou]

Combien de temps faut-il pour se rendre au centre-ville ?
Quanto tempo é necessário para chegar ao centro da cidade?
[**kouain**tou **tem**pou à nesse**ssa**riou para che**gar** aou **sen**trou da si**da**de]

Combien faut-il payer ?
Quanto custa ?
[**kouain**tou **kouch**ta]

Où prend-on le taxi ?
Onde é que se apanha o táxi ?
[**on**de è ke se a**pa**gna ou **tà**kssi]

Combien coûte le trajet pour ... ?
Quanto custa o trajecto para ir para ...?
[**kouain**tou **kouch**ta ou tra**gè**tou para ir para]

Où peut-on louer une voiture ?
Onde é que se pode alugar um carro ?
[**on**de è ke se a**pode** alou**gar** oun **ka**rrou]

**Est-ce qu'on peut réserver une chambre
d'hôtel depuis l'aéroport ?**
Pode-se reservar um quarto de hôtel desde o aeroporto ?
[**po**de-se rezer**var** oun **kouar**tou de ot**èl dech**de ou aero**por**tou]

Y a-t-il un hôtel à l'aéroport ?
Há um hôtel no aeroporto ?
[**à** oun ot**èl** nou aero**por**tou]

Où peut-on changer de l'argent ?
Onde é que se pode trocar dinheiro ?
[**On**de è ke se **po**de trou**kar** dig**néi**rou]

Où sont les bureaux de ... ?
Onde são os serviços de ...?
[**on**de **sa**-on ous ser**vis**souch]

LES TRANSPORTS
OS TRANSPORTES

Les transports en commun – *Transportes colectivos*

bus	*autocarro*	[aouto**ka**rrou]
car	*camioneta*	[**ka**mioneta]
métro	*metro*	[**mè**trou]
train	*trem, combóio*	[tr**é**in, kom**boi**ou]
air conditionné	*ar condicionado*	[**à**r kondicionadou]
aller-retour	*ida e volta*	[i**da** i **vol**ta]
billet	*bilhete*	[bill**é**te]
gare	*estação de combóio*	[echta**ssa**-on de kom**boi**ou]
place numérotée	*lugar numerado*	[lou**gar** noume**ra**dou]
siège réservé	*lugar marcado*	[lou**gar** mark**à**dou]
terminal routier	*terminal, estação*	[termin**àl** l escha**ssa**-on]
quai	*cais, plataforma*	[**kai**ch, plata**for**ma]
vidéo	*video*	[**vi**diou]
wagon-restaurant	*vagão restaurante*	[vaga-on rech**taou**rante]

Où peut-on acheter les billets ?
Onde é que se pode comprar os bilhetes ?
[**on**de **è** ke se **po**de com**prar** ouch bil**lé**tech]

Quel est le tarif pour ... ?
Quanto custa o bilhete para ... ?
[**kouain**tou **kouch**ta ou bil**lé**te para]

Quel est l'horaire pour ... ?
Qual é o harário para ... ?
[kou**al** è ou o**rà**riou para]

Y a-t-il un tarif pour enfants ?
Há um preço para crianças ?
[à oun **pre**ssou para **kriain**ssach]

À quelle heure part le train pour ... ?
A que horas sai o combóio para .... ?
[a ke **o**rach s**ai** ou kom**boï**ou **pa**ra]

À quelle heure arrive le bus de ... ?
A que horas chega a camioneta de ... ?
[a ke **o**rach **che**ga a **ka**mioneta da]

Est-ce que le café est servi à bord ?
Serve-se café a bordo ?
[**sèr**ve-se café a **bor**dou]

Un repas léger est-il servi à bord ?
Servem-se refeições ligeiras a bordo ?
[**ser**véin-se reféi**sson-ich** li**géi**rach a **bor**dou]

Le repas est-il inclus dans le prix du billet ?
A refeição está incluída no preço do bilhete ?
[a reféi**ssa-on** ech**tà** in**klou**ida nou **pre**ssou do bil**lé**te]

De quel quai part le train pour ... ?
De que cais sai o combóio ... ?
[de ke **kai**ch s**ai** o kon**boï**ou]

Où met-on les bagages?
Onde pomos as bagagens?
[**on**de **po**mouch as bag**à**géins]

Excusez-moi, vous occupez ma place.
Desculpe-me, o senhor/a está ocupando o meu lugar.
[**dech**coulpe-me ou seg**nor**/a ech**tà** okou**pain**dou o méou lou**gar**]

À quelle gare sommes-nous?
Em que estação estamos?
[éin ke echta**ssa-on** ech**ta**mouch]

Est-ce que le train s'arrête à ...?
O combóio vai parar em ...?
[ou kom**boï**ou vai pa**rar** éin]

Métro – *Metro*

Quelle est la station la plus proche?
Qual é a estação mais perto?
[kou**al** è a echta**ssa-on** ma**ich** **pèr**tou]

Combien coûte un billet?
Quanto custo um bilhete?
[**kouain**tou **kouch**ta oun bil**lè**te]

Y a-t-il des carnets de billets?
Há cadernetas de bilhetes?
[à ka**der**netach de bil**lé**tech]

Y a-t-il des cartes pour la journée? pour la semaine?
Há cadernetas por um dia, ou uma semana?
[à ka**der**netach pour uon **di**a, o ouma sem**a**na]

Quelle direction faut-il prendre pour aller à ...?
Que direcção se deve tomar para ir para ...?
[ke dire**ssa-on** se **dè**ve tou**mar** **pa**ra ir **pa**ra]

Est-ce qu'il faut prendre une correspondance ?
Tem que se fazer uma transferência ?
[téin ke fa**zer** ouma tranchfer**éin**cia]

Avez-vous un plan du métro ?
Tem um mapa do metro ?
[téin oun **ma**pa dou **mè**trou]

À quelle heure ferme le métro ?
A que horas fecha o metro ?
[a ke **ó**rach **fe**cha ou **mè**trou]

La conduite automobile – *O automóvel*

ici	*aqui*	[a**ki**]
là	*ali, lá*	[al**ï**, là]
avancer	*avançar*	[avain**ssar**]
reculer	*recuar*	[rekou**ar**]
tout droit	*a direito*	[a di**réi**tou]
à gauche	*à equerda*	[à ech**ker**da]
à droite	*à direita*	[à di**réi**ta]
feux de circulation	*sinais de trânsito*	[sin**aich** de **train**zitou]
feu rouge	*semáforo*	[se**ma**forou]
feu vert	*luz verde*	[**louch vér**de]
feu orangé	*luz amarela*	[**louch** amarela]
aux feux de circulation	*nos sinais de trânsito*	[nouch sin**aich** de **train**zitou]
carrefour	*esquina*	[ech**ki**na]
carrefour giratoire	*rotunda*	[rou**toun**da]

sens unique	*sentido único*	[sen**ti**dou **ou**nikou]
sens interdit	*sentido proibido, direcção proibida*	[sen**ti**dou proui**bi**dou | dire**ssa-on**-proui**bi**da]
faites trois kilomètres	*faça três quilómetros*	[**fa**ssa **tré**ch ki**lo**metrouch]
la deuxième à droite	*a segunda à direita*	[a se**goun**da à dir**éi**ta]
la première à gauche	*a primeira à esquerda*	[a pri**méi**ra à ech**kèr**da]
l'autoroute à péage	*auto estrada com portagem*	[**aou**to ech**tra**da kon pour**ta**géin]
route non revêtue	*estrada não asfaltada*	[ech**tra**da **na-on** achfal**ta**da]
rue piétonne	*rua reservada a peões*	[**rrou**a reser**va**da a pi-**onch**]

CODE DE LA SÉCURITÉ ROUTIÈRE

* Les Nord-Américains doivent savoir qu'aux intersections la priorité est donnée aux voitures qui viennent de la droite, peu importe quelle voiture est arrivée en premier. Souvent, il n'y a ni feux ni panneaux stop : il faut donc être prudent. Les intersections des routes importantes sont souvent marquées par des ronds-points, et les voitures qui s'y sont engagées ont toujours priorité. Il faut donc attendre que la voie soit complètement libre avant d'y entrer. *****

Location – *Aluguer*

Je voudrais louer une voiture.
Eu queria alugar um carro.
[éou keria alougar oun **ka**rrou]

En avez-vous à transmission automatique ?
Tem carros com transmissão automática ?
[téin **ka**rrouch kon transmi**ss**a-on aoutou**ma**tika]

En avez-vous à embrayage manuel ?
Tem carros com embraiagem manual ?
[téin **ka**rrouch kon em**bréia**géin manou**al**]

Quel est le tarif pour une journée ?
Qual é o preço por dia ?
[kou**al** é ou **pressou** pour **di**a]

Quel est le tarif pour une semaine ?
Qual é o preço por semana ?
[Kou**al** è ou **pre**ssou pour sem**ana**]

Est-ce que le kilométrage est inclus ?
A quilometragem está incluida ?
[A kiloume**tra**géin ech**tà** ein**klou**ida]

Combien coûte l'assurance ?
Quanto custa o seguro ?
[**kouain**tou **kouch**ta ou se**gou**rou]

Y a-t-il une franchise collision ?
Há penalidade por acidente ? Por choque ?
[À penali**dade** pour aci**déin**te | Pour **cho**ke]

J'ai une réservation.
Tenho uma reserva.
[**Ta**gnou **ou**ma re**sèr**va]

J'ai un tarif confirmé par le siège social.
Tenho um preço confirmado pela companhia
[**Ta**gnou oun **pre**ssou konfir**ma**dou **pe**la kompa**gni**a]

Mécanique – *Mecânica*

antenne	*antena*	[ai**nte**na]
antigel	*anticongelante*	[**anti**kongelainte]
avertisseur	*buzina*	[bou**zi**na]
boîte à gants	*porta luvas*	[**por**ta louvach]
CD	*CD*	[**sé**dé]
chauffage	*aquecimento*	[a**kè**ssimentou]
clé	*chave*	[**chà**ve]
clignotants	*pisca pisca*	[**pich**ka **pich**ka]
climatisation	*ar condicionado*	[ar kondissio**na**dou]
coffre	*porta bagagens*	[**por**ta baga**gèi**ns]
démarreur	*motor de arranque*	[mou**tor** de a**rrain**ke]
diesel	*diesel*	[**diè**sel]
eau	*água*	[**à**goua]
embrayage	*embreiagem*	[em**bréia**gein]
essence	*gasolina*	[gazou**li**na]
essence sans plomb	*gasolina sem chumbo*	[gazou**li**na séin **chum**bou]
essuie-glace	*limpa parabrisas*	[limpa**pa**rabrizach]
filtre à huile	*filtro de óleo*	[**fil**tro de **o**liou]
frein à main	*travão de mão*	[tra**va**-on de **ma**-on]
freins	*travões*	[tra**von**-ich]
fusibles	*fusíveis*	[fouzi**véi**ch]
glaces électriques	*vidros eléctricos*	[**vi**drouch e**lé**trikoùch]

huile	*óleo*	[**o**liou]
levier de changement de vitesse	*alavanca de velocidade*	[ala**vain**ka de velou**ssi**dade]
pare-brise	*parabrisas*	[para**brí**zach]
pare-chocs	*parachoques*	[para**cho**kech]
pédale	*pedal*	[pe**dal**]
phare	*farol, luz*	[fa**rol**	**lou**ch]
pneu	*pneu*	[**pné**ou]
portière avant (arrière)	*porta da frente porta de atrás*	[**por**ta da frente de **tra**ch]
radiateur	*radiador*	[radia**dor**]
radio	*radio*	[**ra**diou]
rétroviseur	*retrovisor*	[re**tro**visor]
serrure	*fechadura*	[fecha**dou**ra]
siège	*assento*	[as**sén**tou]
témoin lumineux	*piloto*	[pi**lo**tou]
toit ouvrant	*tejadilho tecto de abrir*	[teja**dil**lou, **tè**tou de a**brir**]
ventilateur	*ventilador*	[venti**la**dor]
volant	*volante*	[**vou**lante]

água	**eau**	[**a**goua]
alavanca de velocidade	**levier de changement de vitesse**	[ala**vain**ka de velou**ssi**dade]
antena	**antenne**	[ain**té**na]

anticongelante	**antigel**	[**ainti**kongelainte]
aquecimento	**chauffage**	[a**kè**ssimeintou]
ar condicionado	**climatisation**	[ar kon**di**ssionadou]
buzina	**avertisseur**	[**bou**zina]
CD	**CD**	[**sé**dé]
chave	**clé**	[**cha**ve]
diesel	**diesel**	[**diè**sel]
embreiagem	**embrayage**	[em**bréià**gein]
farol, luz	**phare**	[**farol** l **lou**ch]
fechadura	**serrure**	[fecha**dou**ra]
filtro de óleo	**filtre à huile**	[**fil**tro de **o**liou]
fusíveis	**fusibles**	[fouzi**véi**ch]
gasolina *sem chumbo*	**essence** **sans plomh**	[gazou**li**na séin choumboul]
gasolina	**essence**	[gazou**li**na]
limpaparabrisas	**essuie-glace**	[limpa**pa**rabrizach]
motor de arranque	**démarreur**	[mou**tor** de a**rrain**ke]
óleo	**huile**	[**o**liou]
parabrisa	**pare-brise**	[para**bri**sach]
parachoques	**pare-chocs**	[para**chok**ech]
pedal	**pédale**	[ped**al**]
piloto	**témoin lumineux**	[pi**lo**tou]
pisca pisca	**clignotants**	[**pich**ka **pich**ka]
pneu	**pneu**	[**pné**ou]
porta bagagens	**coffre**	[**por**ta baga**géin**ch]

porta da frente *porta de atrás*	**portière** **avant (arrière)**	[**por**ta da f**rein**te l **por**ta de t**rach**]
porta luvas	**boîte à gants**	[**por**ta **lou**vach]
radiador	**radiateur**	[radia**dor**]
radio	**radio**	[**ra**diou]
retrovisor	**rétroviseur**	[re**tro**visor]
tejadilho, *tecto de abrir*	**toit ouvrant**	[teja**di**llou, **tè**tou de a**brir**]
travão de mão	**frein à main**	[tra**va-on** de **ma-on**]
travões	**freins**	[tra**von-ich**]
ventilador	**ventilateur**	[ven**ti**lador]
vidros *eléctricos*	**glaces** **électriques**	[**vi**drouch e**lè**ktrikouch]
volante	**volant**	[vou**lainte**]

Faire le plein – *Atestar de gasolina, óleo*

Le plein, s'il vous plaît.
Ateste o depósito, por favor.
[a**tèch**te ou de**po**sitou pour fa**vor**]

Mettez-en pour 50 euros.
Ateste por cinquenta euros.
[a**tèch**te pour sink**ouéin**ta **éou**rouch]

Vérifiez la pression des pneus.
Verifique a pressão dos pneus.
[veri**fi**ke a pre**ssa-on** douch **pné**ouch]

Acceptez-vous les cartes de crédit ?
Aceita cartões de crédito ?
[a**céi**ta cart**on-ich** de **krè**ditou]

LA SANTÉ
A SAÚDE

hôpital	*hospital*	[ochpit**al**]
pharmacie	*farmácia*	[far**ma**ssia]
médecin	*médico*	[**mè**dikou]
dentiste	*dentista*	[den**tich**ta]
J'ai mal...	*Tenho dores...*	[**ta**gnou **do**rech]
à l'abdomen	*no abdómen*	[nou ab**do**mèn]
aux dents	*de dentes*	[de **den**tech]
au dos	*nas costas*	[nach **koch**tach]
à la gorge	*de garganta*	[de gar**gain**ta]
au pied	*no pé*	[nou **pè**]
à la tête	*de cabeça*	[de ka**be**ssa]
au ventre	*de barriga*	[de bar**ri**ga]
Je suis constipé.	*Tenho prisão de ventre.*	[**ta**gnou priza-**on** de **vén**tre]
J'ai la diarrhée.	*Tenho diarréia.*	[**ta**gnou diar**réi**a]
Je fais de la fièvre.	*Tenho febre.*	[**ta**gnou **fè**bre]
Mon enfant fait de la fièvre.	*Meu filho tem febre.*	[**mé**ou **fi**llou téin **fè**bre]
J'ai la grippe.	*Tenho gripe.*	[**ta**gnou **gri**pe]

Je voudrais renouveler cette ordonnance.
Queria renovar esta receita.
[keria renouvar èchta resseita]

Avez-vous des médicaments contre le mal de tête ?
O senhor / a senhora tem medicamentos para as dores de cabeça ?
[ou segnor, a segnora tèin medikaméntouch para ach dorech de kabéssa]

Avez-vous des médicaments contre la grippe ?
O senhor / a senhora tem medicamentos contra a gripe ?
[Ou segnor, a segnora tèin medikaméntouch kontra a gripe]

Je voudrais...	*queria*	[keria]
des préservatifs	*preservativos*	[preservativouch]
de la crème solaire	*creme solar*	[krème soular]
un insectifuge	*um anti-insectos*	[oun anti : inssètouch]
un collyre	*um colírio*	[oun koliriou]
du baume pour les piqûres d'insecte	*pomada para as picadelas de insectos*	[poumada para ach pikadèlach de insètouch]
un médicament contre la malaria	*um medicamento contra a malária*	[oun medikamentou kontra a malaria]
une solution nettoyante (mouillante) pour verres de contact souples (rigides)	*um loção para limpar lentes de contacto maleàvéis (rígidas)*	[ouma loussa-on para limpar léntech de kontatou maliavéich l rigidach]

URGENCES
URGÊNCIAS

Au feu!	*Fogo!*	[**fo**gou]
Au secours!	*Socorro!*	[sou**ko**rrou]
Au voleur!	*É ladrão!*	[è la**dra-on**]
On m'a agressé.	*Agrediram-me.*	[agre**dira-on**-me]
On m'a volé.	*Roubaram-me.*	[ro**bara-on**-me]

Pouvez-vous appeler la police? l'ambulance?
O senhor / a senhora pode telefonar para a polícia? Para a ambulância?
[ou se**gno**r a se**gno**ra **po**de telefou**nar** para a policia I ainboul**ain**cia]

Où est l'hôpital?
Onde é o hospital?
[**on**de é ou ochpi**tal**]

Pouvez-vous me conduire à l'hôpital?
O senhor / a senhora pode-me levar ao hospital?
[ou se**gno**r, a se**gno**ra **po**de le**var**-me àou ochpi**tal**]

On a volé nos bagages dans la voiture.
Roubaram as nossas bagagens do carro.
[ro**ba**ra-on ach **no**ssach baga**géins** dou **ka**rrou]

On a volé mon portefeuille.
Roubaram-me a minha carteira.
[ro**ba**rainou-me a **mi**gna kar**téi**ra]

Ils avaient une arme.
Eles tinham uma arma.
[**é**lech **ti**gain-ou **ou**ma **ar**ma]

Ils avaient un couteau.
Eles tinham uma faca.
[**é**lech **ti**gnain-ou **ou**ma **fa**ka]

L'ARGENT
O DINHEIRO

....

banque	*banco*	[**bain**kou]
bureau de change	*casa de câmbio*	[**ka**za de **kain**biou]

Quel est le taux de change pour le dollar canadien ?
Qual é o câmbio para o dólar canadiano?
[Koual é ou **kain**biou para ou **dol**ar kana**di**anou]

dollar américain	*dólar americano*	[**do**lar ame**ri**kanou]
euro	*euro*	[**éou**rou]
franc suisse	*franco suiço*	[**frain**kou **soui**ssou]

Je voudrais changer des dollars américains (canadiens).
Queria trocar dólares americanos (canadianos).
[ke**ria** trou**kar do**larech ame**ri**kanouch | kana**di**anouch]

Je voudrais encaisser des chèques de voyage.
Queria trocar cheques de viagem.
[ke**ria** trou**kar chè**quech de **via**géin]

Je voudrais obtenir une avance de fonds sur ma carte de crédit.
Queria um avanço no meu cartão de crédito.
[Ke**ria** oum a**vain**ssou no **méou** kar**ta**-on de **krè**ditou]

Où peut-on trouver un guichet automatique (un distributeur de billets) ?
Onde se pode encontrar uma caixa multibanco?
[Onde se **po**de enkon**trar ou**ma **kai**cha mul**ti**bainkou]

POSTE ET TÉLÉPHONE
CORREIO E TELEFONE

courrier rapide	*correio rápido*	[kou**rréi**ou **ra**pidou]
par avion	*por avião*	[pour a**via-on**]
poids	*peso*	[**pe**zou]
timbres	*selos*	[**se**louch]

L'INTERNET

***** XXIe siècle oblige, les Portugais se sont mis au diapason du langage informatique, et ils emploient entre autres le mot *Internetês* pour Internet, *surfar* pour surfer, *scaner* pour scanner. Bien que le jargon de la Toile provienne directement de l'anglais américain, ils ont su aussi forger leurs propres termes, comme nous l'avons fait pour le français : clavardage (*bate-papo*), courriel (*endereço de e-mail*), cyberespace (*ciberespaço*), hyperlien (*hiperligação*), internaute (*internauta*), page d'accueil (*página inicial*). *****

Où se trouve le bureau de poste?
Onde é o correio?
[**On**de è ou kou**rré**iou]

Combien coûte l'affranchissement d'une carte postale pour le Canada?
Quanto custa um selo para um postal para o Canadá?
[kou**ain**tou **kouch**ta oun **sé**lou para oun pouch**tal** para ou kana**da**]

Combien coûte l'affranchissement d'une lettre pour le Canada?
Quanto custa um selo para uma carta para o Canadá?
[kou**ain**tou **kouch**ta oun **sé**lou para ouma **kar**ta para ou kana**da**]

Où se trouve le bureau des téléphones?
Onde é o serviço de telefone?
[**On**de è ou ser**vi**ssou de tele**pho**ne]

Où se trouve la cabine téléphonique la plus près?
Onde está a cabina telefónica mais perto?
[**On**de ech**tà** a **ka**bina tele**pho**nika **mai**ch **pèr**tou]

Que faut-il faire pour placer un appel local?
Como é que se faz uma chamada local?
[**ko**mo é ke se **fà**ch **ou**ma chama**da** lou**kal**]

Que faut-il faire pour appeler au Canada?
Como é que se faz para telefonar para o Canada?
[**ko**mo à ke se **fa**ch **pa**ra telephou**nar** para ou kana**da**]

Je voudrais acheter une carte de téléphone.
Queria comprar um cartão para telefonar.
[ke**ria** kom**prar** oun **kar**ta-on para telephou**nar**]

J'aimerais avoir de la monnaie pour téléphoner.
Gostaria de ter trocos para telefonar.
[gousta**ria** de tér **tra**kouch para telephou**nar**]

Comment les appels sont-ils facturés à l'hôtel?
Como são facturadas as chamadas do hôtel?
[**ka**mo **sa**-**on** fatoura**dach** ach chama**dach** dou o**tèl**]

J'appelle Canada Direct, c'est un appel sans frais.
Telefono para o "Canada Direct" é uma chamada gratuita.
[telephono para ou kanada direct è ouma chamada gratouita]

Je voudrais envoyer un fax.
Queria enviar um fax.
[keria enviar oun fax]

Avez-vous reçu un fax pour moi ?
O senhor / a senhora recebeu um fax para mim ?
[ou segnor / a segnora ressebéou oun fax para min]

ÉLECTRICITÉ
ELECTRICIDADE

Où puis-je brancher mon rasoir ?
Onde posso ligar a minha máquina de barbear ?
[Onde possou ligar a migna makina de barbiar]

L'alimentation est-elle de 220 volts ?
A corrente é de 220 voltos ?
[a kourrénte è de 220 voltouch]

La lampe ne fonctionne pas.
A lâmpada não funciona.
[a lainpada na-on founssiona]

Où puis-je trouver des piles pour mon réveille-matin ?
Onde é que posso comprar pilhas para o meu despertador ?
[Onde è ke possou komprar pillach para o méou dechpertador]

Est-ce que je peux brancher mon ordinateur ici ?
Posso ligar o meu computador aqui ?
[possou ligar ou méou kompoutador aki]

Y a-t-il une prise téléphonique pour mon ordinateur ?
Há uma tomada telefónica para o meu computador ?
[À ouma toumada telephonika para o méou kompoutador]

LA MÉTÉO
O TEMPO

la pluie	*a chuva*	[a **chou**va]
le soleil	*o sol*	[ou sol]
le vent	*o vento*	[o **ven**tou]
la neige	*a neve*	[a **nè**ve]
Il fait chaud.	*Está calor.*	[ech**ta** ka**lô**r]
Il fait froid.	*Está frio.*	[ech**ta** **fri**ou]
ensoleillé	*ensolarado*	[éinsosoula**ra**dou]
nuageux	*nublado*	[nnou**bla**dou]
pluvieux	*chuvoso*	[chou**vo**zou]
Est-ce qu'il pleut ?	*Chove ?*	[**cho**ve]
Va-t-il pleuvoir ?	*Vai chover ?*	[vai chou**ver**]
Prévoit-on de la pluie ?	*Há probabilidades de chuva ?*	[a proubabili**da**dech de **chou**va]

a chuva	**la pluie**	[a **chou**va]
o sol	**le soleil**	[ou sol]
o vento	**le vent**	[ou **ven**tou]
a neve	**la neige**	[a **nè**ve]
Está calor.	**Il fait chaud.**	[ech**tà** ka**lor**]
Está frio.	**Il fait froid.**	[ech**tà** **fri**ou]
ensolarado	**ensoleillé**	[éinsola**ra**dou]
nublado	**nuageux**	[nou**bla**dou]

chuvoso	**pluvieux**	[chu**vo**zou]
Chove?	**Est-ce qu'il pleut?**	[**cho**ve]
Vai chover?	**Va-t-il pleuvoir?**	[**vai** chou**ver**]
Há probabilidades de chuva?	**Prévoit-on de la pluie?**	[à proubali**da**dech de **chou**va]

Quel temps fera-t-il aujourd'hui?
Que tempo fará hoje?
[ke **tém**pou fa**rà o**je]

Comme il fait beau!
Como está bom tempo!
[**ko**mou ech**ta** bon **tém**pou]

Comme il fait mauvais!
Que mau tempo!
[ke **ma**ou **tém**pou]

FÊTES ET FESTIVALS
FESTIVIDADES E FESTIVAIS

....

le jour de Noël	*o dia de Natal*	[ou **di**a de na**tal**]
le jour de l'An	*o dia de Ano Novo*	[ou **di**a de **a**nou **no**vou]
le jour des Rois	*o dia de Reis*	[ou **di**a de **réi**ch]
le Mardi gras	*a terça-feira de carnaval*	[a **ter**ssa-**féi**ra de karna**val**]
le mercredi des Cendres	*a quarta-feira de cinzas*	[a **kouar**ta **féi**ra de **sin**zach]
le Vendredi saint	*a sexta-feira santa*	[a **séi**chta-**féi**ra **sain**ta]

la Semaine sainte	a semana santa	[a semana sainta]
le jour de Pâques	o dia de Páscoa	[ou dia de pàchkoua]
la fête des Mères	o dia da mãe	[ou dia da ma-in]
la fête des Pères	o dia do pai	[ou dia dou pai]
la Fête nationale	a festa nacional	[a fèchta nassiounal]
la fête du Travail	a festa do trabalho	[a fèchta dou traballou]
la Saint-Jean-Baptiste	o dia de São João Baptista	[ou dia de sa-on joua-on Batichta]
l'Action de grâce	A acção de graças	[a assa-on de gràssach]
le jour de la Race	O dia da raça	[ou dia da rassa]

o dia de Natal	le jour de Noël	[ou dia de natal]
o dia de Ano Novo	le jour de l'An	[ou dia de anou novou]
o dia de Reis	le jour des Rois	[ou dia de réich]
a Terça feira de carnaval	le Mardi gras	[a terssa-féira de karnaval]
a Quarta feira de cinzas	le mercredi des Cendres	[a kouarta-féira de sinzach]
o Domingo de Páscoa	dimanche de Pâques	[ou doumingou de pàchkoua]
a Sexta feira santa	le Vendredi saint	[a séichta-féira sainta]
o dia da Mãe	la fête des Mères	[ou dia da ma-in]
o dia do Pai	la fête des Pères	[ou dia dou pai]

a festa nacional	**la Fête nationale**	[a **fè**chta nassiou**nal**]
a festa do trabalho	**la fête du Travail**	[a **fè**chta dou tra**ba**llou]
o dia de São João Baptista	**Le jour de Saint-Jean-Baptiste**	[ou **di**a de **Sa**-on **Joua**-on **Ba**tichta]
a Acção de graças	**l'Action de grâces**	[a a**ssa**-on de **grà**ssach]
o dia da Raça	**le jour de la Race**	[ou **di**a da **rà**ssa]

LA FESTA DOS TABULEIROS

✳ Datant du XIVᵉ siècle, la Festa dos Tabuleiros est l'une des fêtes les plus typiques et les plus colorées du Portugal. En rang de deux, de jeunes filles vêtues de costumes folkloriques défilent alors en portant sur la tête un plateau [*tabuleiro*] avec plusieurs pains empilés les uns sur les autres et garnis de nombreuses fleurs multicolores en papier, le tout surmonté d'une couronne. Cette cérémonie serait, selon certains, un ancien rite païen en rapport avec la fertilité. ✳

ATTRAITS TOURISTIQUES

ATTRAITS TOURISTIQUES
ATRACÇÕES TURÍSTICAS

. . . .

la cascade	*a cascata*	[a kach**ka**ta]
la cathédrale	*a catedral*	[a kate**dral**]
le centre-ville	*o centro da cidade*	[ou **sen**trou da si**da**de]
le centre historique	*o centro histórico*	[ou **sen**trou ichtorikou]
la chute	*a queda de agua / a catarata*	[a **kè**da de **à**goua | a kata**ra**ta]
l'édifice	*o edificio*	[ou idi**fi**ssiou]
l'église	*a igreja*	[a i**grè**ja]
la forteresse	*a fortaleza*	[a fourta**le**za]
le funiculaire	*o elevador*	[ou ileva**dor**]
l'hôtel de ville	*a câmara*	[a **ka**mara]
la fontaine	*a fonte*	[a **fon**te]
le fort	*o forte*	[ou **for**te]
le lac	*o lago*	[ou **la**gou]
la lagune	*a lagoa*	[a la**go**a]
la maison	*a casa*	[a **ka**sa]

le manoir	*o solar*	[ou sou**lar**]
le marché	*o mercado*	[ou mer**ka**dou]
la marina	*a marina*	[a ma**ri**na]
la mer	*o mar*	[ou m**ar**]
le monastère	*o mosteiro*	[ou monach**téi**rou]
le monument	*o monumento*	[ou monou**mén**tou]
le musée	*o museu*	[ou mouz**éou**]
le palais de justice	*o tribunal de justiça*	[ou tribou**nal** de jouch**ti**ssa]
le parc	*o parque*	[ou **par**ke]
le parc d'attractions	*o parque de atracções*	[ou **par**ke de atra**sson-ich**]
la piscine	*a piscina*	[a pi**chi**na]
la place centrale	*a praça central*	[a **pra**ssa ssen**tral**]
la plage	*a praia*	[a **praia**]
le pont	*a ponte*	[a **pon**te]
le port	*o porto*	[ou **por**tou]
la promenade	*o passeio*	[ou pa**sséi**ou]
la rivière	*o rio*	[ou **rri**ou]
les ruines	*as ruínas*	[ach **rroui**nach]
le site archéologique	*o centro arqueológico*	[ou **sen**trou arkiou**lo**gikou]
le stade	*o estádio*	[ou ech**ta**diou]
la statue	*a estátua*	[a ech**ta**toua]
le téléférique	*o teleférico*	[ou tele**fe**rikou]
le temple	*o templo*	[ou **tém**plou]
le théâtre	*o teatro*	[ou **tia**trou]

le tunnel	*o túnel*	[ou **tou**nèl]
le vieux centre	*o centro antigo*	[ou **sen**trou an**ti**gou]
le vieux port	*o velho porto*	[ou **vè**llou **por**tou]
le zoo	*o zoológico*	[ou zou**lo**gikou]

a câmara	**l'hôtel de ville**	[a **ka**mara]
a catarata	**la chute**	[a kata**ra**ta]
o passeio	**la promenade**	[ou pas**séi**ou]
a casa	**la maison**	[a **ka**za]
a cascata	**la cascade**	[a kach**ka**ta]
o solar	**le manoir**	[ou sou**lar**]
a catedral	**la cathédrale**	[a kate**dral**]
o centro antigo	**le vieux centre**	[ou **sen**trou an**ti**gou]
o centro arqueológico	**le site archéologique**	[ou **ssen**trou arkiou**lo**giko]
o centro da cidade	**le centre-ville**	[ou **sen**trou da si**da**de]
o centro histórico	**le centre historique**	[ou **son**trou ich**to**rikou]
o edifício	**l'édifice**	[ou idi**fis**siou]
o estádio	**le stade**	[ou ech**ta**diou]
a estátua	**la statue**	[a ech**ta**toua]
a fortaleza	**la forteresse**	[a fourta**le**za]
a fonte	**la fontaine**	[a **fon**te]
o forte	**le fort**	[ou **for**te]
o elevador	**le funiculaire**	[ou ileva**dor**]

a igreja	**l'église**	[a i**grè**ja]
o lago	**le lac**	[ou **la**gou]
a lagoa	**la lagune**	[a la**goa**]
a marina	**la marina**	[a ma**ri**na]
o mar	**la mer**	[ou m**ar**]
o mercado	**le marché**	[ou mer**ka**dou]
o mosteiro	**le monastère**	[ou mounach**téi**rou]
o monumento	**le monument**	[ou mounou**mén**tou]
o museo	**le musée**	[ou mou**zé**ou]
a queda de água	**la chute**	[a **kè**da de **a**goua]
o tribunal	**le palais de justice**	[ou tribou**nal** de jouch**ti**ssa]
o parque	**le parc**	[ou **par**ke]
o parque de atracções	**le parc d'attractions**	[ou **par**ke de atra**sso**nich]
a piscina	**la piscine**	[a pi**chi**na]
o passeio	**la promenade**	[ou pa**sséi**ou]
a praia	**la plage**	[a pr**ai**a]
a praça central	**la place centrale**	[a **pra**ssa sen**tral**]
a ponte	**le pont**	[a **pon**te]
o porto	**le port**	[ou **por**tou]
a pirâmide	**la pyramide**	[a pi**ra**mide]
o rio	**la rivière**	[ou **ri**ou]
as ruínas	**les ruines**	[ach **roui**nach]
a queda de água	**la chute**	[a **kè**da de **a**goua]
o teatro	**le théâtre**	[ou **tia**trou]

o teleférico	**le téléférique**	[ou tele**fè**rikou]
o templo	**le temple**	[ou **tem**plou]
o túnel	**le tunnel**	[ou **tou**nèl]
o velho porto	**le vieux port**	[ou **vè**llou **por**tou]
o solar	**le manoir**	[ou sou**lar**]
o zoológico	**le zoo**	[ou zou**lo**gikou]

LES AZULEJOS

* Petits carreaux de céramique colorée, les azulejos se retrouvent partout au Portugal, notamment dans les bâtiments historiques et les restaurants. Même si leur origine est sans contredit musulmane, les premiers azulejos sont importés d'Espagne jusqu'au milieu du XVIe siècle et ne comportent que des motifs géométriques ou végétaux, en raison de l'influence de l'islam. Vers 1560, des céramistes d'Anvers, en Belgique, commenceront à créer des azulejos à Lisbonne même, en les décorant alors de représentations picturales. *****

Au musée – *No museu*

anthropologie	*antropologia*	[antroupoulou**gi**a]
antiquités	*antiguidades*	[antigui**da**dech]
archéologie	*arqueología*	[arkioulo**gi**a]
architecture	*arquitectura*	[arki**tè**toura]
art africain	*arte africana*	[**ar**te a**fri**kana]
art asiatique	*arte asiática*	[**ar**te **azia**tika]
art amérindien	*arte ameríndia*	[**ar**te amer**in**dia]
art précolonial	*arte précolonial*	[**ar**te **prè**koulou**ni**al]
art colonial	*arte colonial*	[**ar**te koulou**ni**al]
Art déco	*arte dêcô*	[**ar**te déko]
Art nouveau	*arte nova*	[**ar**te **no**va]
art contemporain	*arte contemporânea*	[**ar**te kontempo**ra**nia]
art moderne	*arte moderna*	[**ar**te mo**dèr**na]
arts décoratifs	*artes decorativas*	[**ar**tech dekora**ti**vach]
collection permanente	*colecção permanente*	[ko**lè**ssa-**on** perma**nén**te]
colonisation	*colonização*	[koloniza**ssa**-**on**]
exposition temporaire	*exposição temporária*	[echpozi**ssa**-**on** tempo**ra**ria]
guerre de Sécession	*guerra de Secessão*	[**guè**rra de sesse**ssa**-**on**]
guerre d'Indépendance	*guerra de Independência*	[**guè**rra de indepen**dén**sia]
guerres coloniales	*guerras coloniais*	[**guè**rrach koulouni**aich**]

impressionnisme	*impressionismo*	[impressiou**nich**mou]
Nordistes	*Nordistas*	[nor**dich**tach]
peintures	*pinturas*	[**pin**tourach]
période hispanique	*período hispânico*	[periouduo ich**pa**nikou]
sciences naturelles	*ciências naturais*	[**sién**ssiach natou**rà**ichs]
sculptures	*esculturas*	[echkoul**tou**rach]
Sudistes	*Sudistas*	[sou**dich**tach]
urbanisme	*urbanismo*	[ourba**nich**mou]
XIXe siècle	*século dezanove*	[**sè**koulou dezan**ò**ve]
XXe siècle	*século vinte*	[**sè**koulou **vin**te]
XXIe siècle	*século vinte e um*	[**sè**koulou **vin**te i oun]

antropologia	**anthropologie**	[antroupoulou**gia**]
antiguidades	**antiquités**	[anti**goui**dades]
arqueologia	**archéologie**	[arkioulou**gia**]
arquitectura	**architecture**	[arki**tè**toura]
arte decó	**Art déco**	[**ar**te dé**ko**]
arte africana	**art africain**	[**ar**te a**fri**kana]
arte ameríndia	**art amérindien**	[**ar**te ame**rin**dia]
arte asiática	**art asiatique**	[**ar**te a**zia**tika]
arte colonial	**art colonial**	[**ar**te kou**lou**nial]
arte contemporânea	**art contemporain**	[**ar**te kontempo**ra**nia]
arte moderna	**art moderne**	[**ar**te mou**dèr**na]
arte nova	**Art nouveau**	[**ar**te **no**va]

arte précolonial	**art précolonial**	[**art**eprèkoulounial]
artes decorativas	**arts décoratifs**	[**art**ech dekouratívach]
ciências naturais	**sciences naturelles**	[si**en**ciach natour**ai**chs]
colecção permanente	**collection permanente**	[kolè**ssa-on** perman**en**te]
colonização	**colonisation**	[koulouniza**ssa-on**]
esculturas	**sculptures**	[ech**koul**tourach]
exposição temporária	**exposition temporaire**	[echpo**zissa-on** tempou**ra**ria]
guerra de Secessão	**guerre de Sécession**	[**guè**rra de sess**essa-**on]
guerra de Independência	**guerre d'Indépendance**	[**guè**rra de independ**én**cia]
guerras coloniais	**guerres coloniales**	[**guè**rrach koulon**ai**chs]
impressionismo	**impressionnisme**	[impre**ssi**ounichmou]
Nordistas	**Nordistes**	[**nor**dichstach]
período hispânico	**période hispanique**	[per**io**do **ich**paniko]
pinturas	**peintures**	[**pin**tourach]
século desanove	**XIXe siècle**	[**sè**koulou deza**no**ve]
século vinte	**XXe siècle**	[**sè**koulou **vin**te]
século vinte e um	**XXIe siècle**	[**sè**koulou **vin**te i oun]
Sudistas	**Sudistes**	[sou**dich**tach]
urbanismo	**urbanisme**	[ourba**nich**mo]

Où se trouve le centre-ville ?
Onde é o centro da cidade ?
[onde è o **sen**trou da si**da**de]

Où se trouve la vieille ville ?
Onde é a cidade antiga ?
[onde è a si**da**de ain**ti**ga]

Peut-on marcher jusque-là ?
Pode-se ir a pé até lá ?
[**po**de-se ir a pè a**tè** là]

Quel est le meilleur chemin pour se rendre à … ?
Qual é o melhor caminho para chegar a … ?
[kou**àl** è o me**llor** kami**gn**ou para che**gar** a]

Quelle est la meilleure façon de se rendre à … ?
Qual é a melhor maneira de se chegar a … ?
[kou**àl** à a me**llor** ma**né**ira de se che**gar** a]

Combien de temps faut-il pour se rendre à … ?
Quanto tempo é preciso para chegar a … ?
[**kouain**tou tempo è pre**ssi**zou para che**gar** a]

Où prend-on le bus pour le centre-ville ?
Onde se apanha o autocarro para o centro da cidade ?
[onde se a**pa**gna o aouto**ka**rrou para ou **sen**trou da ci**da**de]

Y a t il une station de métro près d'ici ?
Há uma estação de metro perto daqui ?
[à ouma echta**ssa**-on de **mè**trou **pèr**tou da**ki**]

Avez-vous un plan de la ville ?
Tem um mapa da cidade ?
[ou se**gno**r a se**gno**ra téin oun **ma**pa da ci**da**de]

Je voudrais un plan avec index.
Queria um mapa com índice.
[ke**ria** oun **ma**pa kon **in**dice]

Combien coûte l'entrée ?
Quanto custa a entrada ?
[**kouain**tou **kouch**ta a entra**da**]

Y a-t-il un tarif étudiant ?
Há um preço para estudante ?
[à oun **pre**ssou para echtou**dain**te]

Les enfants doivent-ils payer ?
As crianças devem pagar ?
[ach **kriain**ssach **dè**véin pa**gar**]

Quel est l'horaire du musée ?
Qual é o horário do museu ?
[koua**l** è o o**rà**riou do mou**zéou**]

Avez-vous de la documentation sur le musée ?
Tem documentação sobre o museu ?
[téin dokoumenta**ssa-on so**bre o mou**zéou**]

Est-il permis de prendre des photos ?
Pode-se tirar fotos ?
[**po**de-se ti**ràr fo**touch]

Où se trouve le vestiaire ?
Onde é o vestiário ?
[**on**de è ou ves**tià**riou]

Y a-t-il un café ?
Há um café ?
[à oun ka**fè**]

Où se trouve le tableau de... ?
Onde é que está o quadro de... ?
[**on**de è ke ech**tà** o **koua**drou de]

À quelle heure ferme le musée ?
A que horas fecha o meseu ?
[a ke **ó**rach **fé**cha o mou**zéou**]

ACTIVITÉS DE PLEIN AIR –
ACTIVIDADES AO AR LIVRE

Où peut-on pratiquer...?
Onde se pode praticar, fazer...?
[Onde se **po**de prati**kàr**, fa**zér**]

Activités – *Actividades*

l'équitation	*a equitação*	[a ekita**ssa-on**]
l'escalade	*a escalada*	[a eska**la**da]
le badminton	*o badmington*	[ou bad**min**gton]
le golf	*o golfe*	[ou **gol**fe]
la moto	*a moto*	[a **mo**tou]
la motomarine	*a motonáutica*	[a moto**nàou**tika]
la natation	*a natação*	[a nata**ssa-on**]
le parachutisme	*o páraquedismo*	[ou pàrake**dich**mou]
le parapente	*o parapente*	[ou para**pén**te]
la pêche	*a pesca*	[a **pèch**ka]
la pêche sportive	*a pesca desportiva*	[a **pèch**ka dech**pour**tiva]
la planche à voile	*a prancha de vela*	[a **prain**cha de **vè**la]
la plongée sous-marine	*o mergulho sub marino*	[ou mer**gou**llou soub ma**ri**nou]
la plongée-tuba	*submarinismo*	[soub mari**nich**mou]
le plongeon	*o mergulho*	[ou mer**gou**llou]
la randonnée pédestre	*a marcha*	[a **mar**cha]
le ski alpin	*o esqui de montanha*	[ou ech**kí** de mon**ta**gna]

le ski de fond	*o esqui de fundo*	[ou es**ki** de **fou**ndou]
le surf	*o surf*	[ou surf]
le tennis	*o ténis*	[ou **tè**nich]
le vélo	*a bicicleta*	[a bissi**klè**ta]
le vélo de montagne	*a bicicleta de montanha*	[la bissi**klè**ta de mon**ta**gna]
le volley-ball	*o vólei*	[ou **vo**lei]
la voile	*a vela*	[a **ve**la]

Matériel - *Material*

la balle	*a bola*	[a **bo**la]
le ballon	*o balão*	[ou ba**la**-on]
le bateau	*o barco*	[ou **bar**kou]
les bâtons	*os paus, as varas*	[ouch **paou**ch, ach **va**rach]
les bâtons de golf	*os tacos de golfe*	[ouch **ta**kouch de **gol**fe]
la bicyclette	*a bicicleta*	[la bissi**klè**ta]
la bonbonne d'oxygène	*a bilha de oxigénio*	[a **bi**lla de okssi**gè**niou]
les bottines	*as botas*	[as **bo**tach]
la cabine	*a cabina*	[a ka**bi**na]
la canne à pêche	*a cana de pesca*	[a cana de **pèch**ka]
la chaise longue	*o canapé*	[ou cana**pè**]
le filet	*a rede*	[a **re**de]
le masque	*a máscara*	[a **màs**kara]
le matelas pneumatique	*o colchão pneumático*	[ou kolcha-on pnéou**mà**tikou]

les palmes	*as barbatanas*	[ach barba**ta**nach]
le parasol	*o chapéu de sol*	[ou cha**pè**ou de sol]
la planche à voile	*a prancha de vela*	[a **prain**cha de **vè**la]
la planche de surf	*a prancha de surf*	[a **prain**cha de surf]
la raquette	*a raquete*	[a ra**kè**te]
le rocher	*o rochedo*	[ou ro**che**dou]
le sable	*a areia*	[a a**ré**ia]
les skis	*os esquís*	[ouch ech**ki**ch]
le surveillant	*o vigilante*	[ou **vigi**lainte]
le voilier	*o veleiro*	[ou ve**lé**irou]

LA MER
O MAR

les courants	*as correntes*	[as kou**rén**tech]
les courants dangereux	*as correntes perigosas*	[as kou**rén**tech peri**go**zach]
la marée basse	*a maré baixa*	[a ma**rè** **bai**cha]
la marée haute	*a maré alta*	[a ma**rè** **al**ta]
mer calme	*mar calmo*	[màr **kal**mou]
mer agitée	*mar bravo*	[màr **bra**vou]

HÉBERGEMENT
ALOJAMENTO

balcon	*varanda*	[var**ain**da]
bar	*bar*	[bar]
bébé	*bebé*	[bèbè]
boutiques	*lojas*	[**lo**jach]
bruit	*ruído, barulho*	[**rou**idou | ba**roul**lou]
bruyant	*barulhento*	[baroul**lèn**tou]
la cafetière	*a cafeteira*	[a kafe**té**ira]
calme	*calmo*	[**kal**mou]
chaîne française	*canal francês*	[kanal frans**séch**]
chaise	*cadeira*	[ka**déi**ra]
chambre avec	*quarto com casa*	[**kouar**tou kon **ka**za de **ba**gnou]
salle de bain	*de banho*	
avec douche	*com duche*	[kon **dou**che]
avec baignoire	*com banheira*	[kon ba**gnéi**ra]
chambre pour une personne	*quarto para uma pessoa*	[**kouar**tou para ouma pe**sso**a]
chambre pour deux personnes	*quarto para duas pessoas*	[**kouar**tou para douach pe**sso**ach]

le chauffage	*o aquecimento*	[ou **akè**ssimentou]
la climatisation	*ar condicionado*	[ar kondissiou**na**dou]
le coffret de sûreté	*cofre de segurança*	[**ko**fre de segou**rain**ssa]
le congélateur	*congelador*	[kongela**dor**]
les couverts	*o serviço*	[ou ser**vis**sou]
une couverture	*uma manta*	[ouma **main**ta]
un couvre-lit	*uma colcha*	[uma **kol**cha]
cuisinette	*cozinha pequena*	[kou**zi**gna pe**ke**na]
divan-lit	*sofá cama*	[so**fà ka**ma]
le drap	*lençol*	[len**ssol**]
eau purifiée	*água purificada*	[**a**goua pourifi**ka**da]
enfant	*criança*	[**kria**inssa]
fenêtre	*janela*	[ja**nè**la]
le fer à repasser	*ferro de engomar*	[**fè**rrou de engou**mar**]
le four à micro-ondes	*micro ondas*	[mi**cro on**dach]
de la glace	*gêlo*	[**gé**lou]
l'hôtel-appartement (résidence hôtelière)	*hôtel apartamento (hôtel residêncial)*	[o**tèl** aparta**men**tou I o**tèl** residén**ssial**]
intimité	*intimidade*	[intimi**da**de]
le lave-linge	*máquina de lavar roupa*	[a **mà**kina de la**var ro**pa]
le lave-vaisselle	*máquina de lavar loiça*	[**mà**kina de la**var loï**ssa]
lit à deux places	*cama de casal*	[**ka**ma de ka**sal**]
lits jumeaux	*camas separadas*	[**ka**mach sepa**ra**dach]
la lumière	*luz*	[**lou**ch]

minibar	*minibar*	[mini**bar**]
la nappe	*toalha*	[tou**alla**]
un oreiller	*uma almofada*	[ouma almou**fa**da]
piscine	*piscina*	[pi**chi**na]
la planche à repasser	*tábua de engomar*	[**tà**boua de engou**mar**]
la radio	*radio*	[**ra**diou]
le réfrigérateur	*frigorífico*	[frigo**ri**fikou]
restaurant	*restaurante*	[recht**aou**rante]
les rideaux	*cortinas*	[kor**ti**nach]
du savon	*sabão*	[sa**ba**-on]
sèche-cheveux	*secador de cabelo*	[seka**dor** de kabe**l**ou]
une serviette	*uma toalha*	[ouma tou**alla**]
le store	*estore*	[ech**to**re]
studio	*estúdio*	[es**tou**diou]
suite	*suite*	[**souite**]
table	*mesa*	[**me**za]
une taie d'oreiller	*uma fronha*	[ouma **fro**gna]
télécopieur	*telecopiador*	[telekopia**dor**]
téléphone	*telefone*	[tele**fo**ne]
le téléviseur	*televisor*	[televi**sor**]
télévision	*televisão*	[televisa**-on**]
le tire-bouchon	*o saca-rolhas*	[ou **sa**ka **rro**llas]
la vaisselle	*loiça*	[**loï**ssa]
le ventilateur	*exaustor*	[ezaouch**tor**]
vue sur la mer	*vista para o mar*	[**vich**ta para ou **mar**]

vue sur la ville	*vista da cidade*	[**vich**ta da si**da**de]
vue sur la montagne	*vista para a montanha*	[**vich**ta para a mon**ta**gna]

Y a-t-il...	*Há?*	[Hà?]

une piscine?	*uma piscina?*	[ouma pi**chi**na]
un gymnase?	*um ginásio?*	[oun gi**nà**ziou]
un court de tennis?	*um corte de ténis?*	[oun **cor**te de **tè**nich]
un terrain de golf?	*um terreno de golfe?*	[oun te**rre**no de **gol**fe]
une marina?	*uma marina?*	[ouma ma**ri**na]

Avez-vous une chambre libre pour cette nuit?
Ou senhor / a sehora, tem um quarto livre para esta noite?
[ou se**gno**r, a se**gno**ra téin oun **koua**rtou **li**vre para **èch**ta **noi**te]

Quel est le prix de la chambre?
Qual é o preço do quarto?
[**koual** é ou **pre**ssou do **koua**rtou]

La taxe est-elle comprise?
O imposto está incluído?
[ou in**poch**tou ech**tà** in**kloui**dou]

Nous voulons une chambre avec salle de bain.
Queremos um quarto com casa de banho.
[ke**ré**mouch oun **koua**rtou kon **ka**za de **ba**gnou]

Le petit déjeuner est-il compris?
O pequeno almoço está incluído?
[ou pe**ke**nou al**mo**ssou ech**tà** in**kloui**dou]

Avez-vous des chambres moins chères ?
O senhor / a senhora, tem quartos menos caros ?
[Ou se**gno**r, a se**gno**ra, téin **kouar**touch me**nouch ka**rouch]

Pouvons-nous voir la chambre ?
Podemos ver o quarto ?
[po**dé**mouch ver o **kouar**tou]

Je la prends.
Fico com ele.
[**fi**kou kon **e**le]

J'ai une réservation au nom de...
Tenho uma reserva no nome de...
[**ta**gnou ou**ma** re**ser**va nou **no**me de...]

On m'a confirmé le tarif de...
Confirmaram-me o preço de...
[konfirma**ra**-on me ou **pre**ssou de...]

Est-ce que vous acceptez les cartes de crédit ?
O senhor / a senhora, aceita cartão de crédito ?
[ou se**gno**r, a se**gno**ra a**ssé**ita **kar**ta-on de **krè**ditou]

Est-il possible d'avoir une chambre plus calme ?
É possível ter um quarto mais tranquilo ?
[è po**ssï**vèl ter oun kou**àr**tou **maï**ch tran**kouï**lou]

Où pouvons-nous garer la voiture ?
Onde podemos estacionar o carro ?
[onde po**de**mouch echtassiou**nar** ou **ka**rrou]

Quelqu'un peut-il nous aider à monter nos bagages ?
Alguém pode ajudar-nos a subir as malas ?
[àlgu**éin po**de ajou**dar**-nouch a **sou**bir ach **ma**lasch]

À quelle heure devons-nous quitter la chambre ?
A que horas devemos deixar o quarto ?
[a ké **o**rach deve**mouch** déi**char** o **kouar**tou]

Peut-on boire l'eau du robinet?
Pode-se beber água da torneira?
[**po**de-se be**bér à**goua da tour**néi**ra]

De quelle heure à quelle heure le petit déjeuner est-il servi?
A que horas é servido o pequeno almoço?
[a **ké ò**rach **è** ser**vi**dou ou pe**ké**nou al**mo**ssou]

Pourrions-nous changer de chambre?
Poderíamos mudar de quarto?
[poude**ria**mouch mou**dar** de **kouar**tou]

Nous voudrions une chambre avec vue sur la mer.
Queríamos um quarto com vista para o mar.
[ke**ria**mouch oun **kouar**tou kon **vich**ta para ou **mar**]

Est-ce que nous pouvons avoir deux clés?
Poderíamos ter as chaves?
[poude**ria**vech ter ach **chà**vech]

De quelle heure à quelle heure la piscine est-elle ouverte?
De que horas a que horas é que a piscina está aberta?
[de ke **o**rach a **ké o**rach **è ké** a pi**chi**na ech**tà** a**bèr**ta]

Où pouvons-nous prendre des serviettes pour la piscine?
Onde é que podemos buscar as toalhas para a piscina?
[**on**de é ke po**de**mouch bouch**kar** as **toua**llach para a pi**chi**na]

Y a-t-il un service de bar à la piscine?
Há um serviço de bar na piscina?
[à oun ser**vi**ssou de **bàr** na pi**chi**na]

Quelles sont les heures d'ouverture du gymnase?
Quais são os horários do ginásio?
[**koua**ich sa-**on** ouch o**ra**riouch do gi**nà**ziou]

Y a-t-il un coffre-fort dans la chambre?
Há um cofre no quarto?
[à oun **ko**fre no **kouar**tou]

Pouvez-vous me réveiller à ... ?
O senhor / a senhora pode acordar-me às ... ?
[ou se**gno**r, a se**gno**ra pode akour**dar**-me àch]

La climatisation ne fonctionne pas.
O ar condicionado não funciona.
[o àr kondissiou**na**dou **na-on** foun**ssio**na]

La toilette est bouchée.
A sanita está entupida.
[a sa**ni**ta ech**tà** entou**pi**da]

Il n'y a pas de lumière.
Não há luz.
[**na-on** à louch]

Puis-je avoir la clé du coffret de sûreté ?
Pode dar-me a chave do cofre de segurança ?
[**po**de **dar**-me a **cha**ve dou **ko**fre de segou**rain**ssa]

Le téléphone ne fonctionne pas.
O telefone não funciona.
[o tele**pho**ne **na-on** foun**ssio**na]

Avez-vous des messages pour moi ?
O senhor / a senhora tem menssagens para mim ?
[ou se**gno**r, a se**gno**ra **téin** mens**sa**géinch para **min**]

Avez-vous reçu un fax pour moi ?
O senhor / a senhora recebeu um fax para mim ?
[ou se**gno**r, a se**gno**ra rece**beou** oun fax para **min**]

Pouvez-vous nous appeler un taxi ?
O senhor / a senhora pode charmar-nos um táxi ?
[ou se**gno**r, a se**gno**ra **po**de cha**mar**nouch oun **tàk**ssi]

Pouvez-vous nous appeler un taxi pour demain à 6h ?
O senhor / a senhora, pode charmar-nos um táxi para amanhã às seis horas ?
[**po**de char**mar**nouch oun **tàk**ssi para ama**gnain** àch **séich** **ò**rach]

Nous partons maintenant.
Partimos agora.
[Partimouch agora]

Pouvez-vous dresser la facture ?
O senhor / a senhora pode preparar a factura ?
[Ou segnor, a segnora pode preparar a fatoura, a konta]

Je crois qu'il y a une erreur sur la facture.
Creio que há um erro na factura, na conta.
[kréiou ke à oun errou na fatoura, na konta]

Pouvez-vous faire descendre nos bagages ?
O senhor / a senhora poderia pedir para descerem as nossas bagagens ?
[Ou segnor, a segnora poderia pedir para dechceréin ach nossach bagagéinch]

Pouvez-vous garder nos bagages jusqu'à ... ?
O senhor / a senhora pode guardar as nossas bagagens até ...?
[Ou segnor, a segnora pode gouardar ach nossach bagagéinch atè...]

Merci pour tout, nous avons fait un excellent séjour chez vous.
Obrigada/o por tudo, foi uma óptima estadia em vossa casa.
[ôbrigadou/a pour toudou, foï ouma otima echtadia em vossa kasa]

Nous espérons revenir bientôt.
Esperamos voltar muito em breve.
[echperamouch voltar mouintou éin brève]

RESTAURANT
RESTAURANTE

La cuisine portugaise est riche et variée. Nous y trouvons différentes viandes, des légumes, des fruits. Toutefois, le poisson et les fruits de mer occupent une place importante dans les recettes quotidiennes. Sans oublier une grande variété de desserts et de pâtisseries. Le Portugal produit d'excellents vins. Les plus reputés sont les vins rosés, les «vins verts» et surtout le porto.

La cuisine portugaise
A cozinha portuguesa
[a kouzigna portou**guêza**]

Pouvez-vous nous recommander un restaurant?
O senhor / a senhora pode recomendar-nos um restaurante?
[ou se**gno**r, a se**gno**ra **po**de recomen**dar**nouch oun recht**aou**rante]

chinois	*chinês*	[chi**nóch**]
français	*francês*	[fran**sséch**]
indien	*indiano*	[indi**ano**]
italien	*italiano*	[itali**ano**]
japonais	*japonês*	[japo**néch**]
mexicain	*mexicano*	[mechi**kano**]

Choisir une table – *Escolher uma mesa*

banquette	*bancada*	[ban**ka**da]
chaise	*cadeira*	[ka**déi**ra]
cuisine	*cozinha*	[kou**zi**gna]
en haut	*em cima*	[éin **si**ma]
en bas	*em baixo*	[éin **bai**chou]

fenêtre	*janela*	[ja**ne**la]
près de la fenêtre	*perto da janela*	[**pèr**tou da ja**nè**la]
salle à manger	*sala de jantar*	[**sa**la de jain**tar**]
terrasse	*varanda*	[va**rain**da]
toilettes	*casa de banho*	[**ka**za de **ba**gnou]
table	*mesa*	[**me**za]

LES *RISSOIS*

✳ Très populaires au Portugal, les *rissois* vous seront proposés dans de nombreux restos-bars. Il s'agit de petits beignets salés, servis souvent en guise de bouchées apéritives, et composés de pâte farcie. Enrobés dans de la chapelure, ils sont ensuite frits dans l'huile. Vous en trouverez au poisson ou aux crevettes, ainsi qu'à la viande. De délicieux petits en-cas... mais attention aux excès! ✳

Plats – *Pratos*

petit déjeuner	*pequeno-almoço*	[pe**ke**nou al**mo**ssou]
déjeuner	*almoço*	[al**mo**ssou]
dîner	*jantar*	[jan**tar**]
entrée	*entrada*	[en**tra**da]
soupe	*sopa*	[**so**pa]
plat	*prato*	[**pra**tou]
plat principal	*prato principal*	[**pra**tou prinssi**pal**]
plats végétariens	*pratos vegetarianos*	[**pra**touch vegeta**ria**nouchs]
riz	*arroz*	[a**rroch**]
sandwich	*sanduíche*	[san**doui**che]
pâtes	*massas*	[**ma**ssach]
salade	*salada*	[sa**la**da]
fromage	*queijo*	[**kéi**jou]
dessert	*sobremesa*	[sobre**me**za]
sur charbons de bois	*forno de lenha*	[**for**nou de **le**gna]
émincé	*cortado muito fino*	[kor**ta**du **mouin**tou **fi**nou]
au four	*no forno*	[no **for**no]
gratiné	*gratinado*	[grati**na**dou]
sur le gril	*na grelha*	[na **gre**lla]
pané	*panado*	[pana**dou**]
à la poêle	*na frigideira*	[na frigi**déi**ra]
rôti	*assado*	[a**ssa**dou]

Boissons – *Bebidas*

café	*café, bica*	[ka**fè**, **bi**ka]
café avec du lait	*café com leite*	[ka**fé** kon **lé**ite]
coca	*coka*	[**ko**ka]
crème	*nata*	[**na**ta]
eau minérale	*água mineral sem gaz*	[**a**goua mine**ral** séin **ga**ch]
eau minérale pétillante	*água mineral com gaz*	[**a**goua mine**ral** kon **ga**ch]
eau purifiée	*água purificada*	[**à**goua pourifi**ka**da]
espresso	*bica*	[**bi**ka]
jus	*sumo*	[**sou**mou]
jus d'orange	*sumo de laranja*	[**sou**mou de la**rain**ja]
lait	*leite*	[**lé**ite]
sucre	*açucar*	[a**ssou**kar]
thé	*chá*	[**chà**]
tisane	*tisana*	[ti**sa**na]

Boissons alcoolisées – *Licores*

apéritif	*aperitivo*	[aperi**ti**vou]
bière	*cerveja*	[ser**ve**ja]
carte des vins	*carta de vinhos*	[**kar**ta de **vi**gnouch]
digestif	*digestivo*	[digech**ti**vou]
vin	*vinho*	[**vi**gnou]
vin blanc	*vinho branco*	[**vi**gnou **brain**cou]
vin maison	*vinho da casa*	[**vi**gnou da **ka**za]
vin vert	*vinho verde*	[**vi**gnou **ve**rde]

vin rouge	*vinho tinto*	[**vi**gnou **tin**tou]
vin du pays	*vinho do país*	[**vi**gnou do p**aich**]
vin rosé	*vinho rosê*	[**vi**gnou ro**sé**]
vin de porto	*vinho do porto*	[**vi**gnou do **po**rtou]
eau-de-vie	*águardente*	[agouar**dén**te]
bouteille	*garrafa*	[ga**rra**fa]
demi-bouteille	*meia-garrafa*	[**méi**a ga**rra**fa]
un demi	*meio*	[**méi**ou]
un quart	*um quarto*	[oun **kouar**tou]
vin sec	*vinho seco*	[**vi**gnou **se**kou]
doux	*suave*	[sou**a**ve]
mousseux	*espumante*	[espou**main**te]
avec glaçons	*com gêlo*	[kon **gé**lou]
sans glaçons	*sem gêlo*	[séin **gé**lou]

Couverts – *Seriço de mesa*

l'assiette	*o prato*	[ou **pra**tou]
le cendrier	*o cinzeiro*	[ou cin**zéi**rou]
le couteau	*o quarto*	[ou **kouar**tou]
la cuillère	*a colher*	[a cou**llèr**]
la fourchette	*o garfo*	[ou **gar**fou]
le menu	*o menu*	[ou **ma**nou]
la nappe	*a toalha*	[a **toua**lla]
la serviette de table	*o guardanapo*	[ou guarda**na**pou]
la soucoupe	*o pires*	[ou **pi**rech]
la tasse	*a chávena*	[a **cha**vena]
le verre	*o copo*	[ou **ko**pou]

Je voudrais faire une réservation pour deux personnes vers 20 heures.
Queria fazer uma reserva para duas pessoas às vinte horas.
[ke**ria** fa**zer** ouma re**sèr**va para dou**ach** pesso**ach** àch **v**inte **ò**rach]

Est-ce que vous aurez de la place plus tard ?
O senhor / a senhora tem uma mesa livre mais tarde ?
[ou se**gnor**, a se**gno**ra téin ouma **me**za **li**vre **maich tar**de]

Je voudrais réserver pour demain soir.
Queria reservar para amanhã à noite.
[ke**ria** reser**var** para ama**gnain** à **noï**te]

Quelles sont les heures d'ouverture du restaurant ?
Quais são os horários do restaurante ?
[**koua**ich **sa-on** ouch o**ra**riouch do rech**taou**rainte]

Acceptez-vous les cartes de crédit ?
O senhor / a senhora aceita cartões de crédito ?
[ou se**gnor**, a se**gno**ra a **sséi**ta kar**ton-ich** de **krè**ditou]

J'aimerais voir le menu.
Gostaría de ver o menu.
[gousta**ria** de ver ou **me**nou]

Je voudrais une table sur la terrasse.
Queria uma mesa na varanda.
[ke**ria** ouma **me**za na var**ain**da]

Pouvons-nous simplement prendre un verre ?
Podemos tomar só uma bebida ?
[po**de**mouch tou**mar** so ouma be**bi**da]

Pouvons-nous simplement prendre un café ?
Podemos só tomar café ?
[po**de**mouch so tou**mar** ka**fè**]

Je suis végétarien/ne.
Sou vegetariano/a.
[so vegeta**ria**nou | a]

Je ne mange pas de porc.
Não como porco.
[**na**-**on ko**mou **po**rkou]

Je suis allergique aux noix (aux arachides).
Sou alérgico às nozes e aos amendoins.
[so a**lèr**gikou : **à**ch **no**zech i aouch amendou**ïnch**]

Je suis allergique aux œufs.
Sou alérgico aos ovos.
[so a**lèr**gikou **à**ouch **o**vouch]

Servez-vous du vin au verre ?
Posso tomar só um copo de vinho ?
[**po**ssou tou**mar** so oun **ko**pou de **vi**gnou]

Nous n'avons pas eu...
Não tivemos...
[**na**-on ti**vè**mouch...]

J'ai demandé...
Pedi...
[per**di**...]

C'est froid.
Está frio.
[ech**tà fri**ou]

C'est trop salé.
Está muito salgado.
[ech**tà** mou**in**tou sal**ga**dou]

Ce n'est pas frais.
Não está fresco.
[**na**-on ech**tà frech**kou]

L'addition, s'il vous plaît.
A conta, por favor.
[a **kon**ta pour fa**vor**]

Le service est-il compris ?
A gorgeta está incluida ?
[a gorgeta echtà inklouida]

Merci, ce fut un excellent repas.
Obrigado/a foi uma excelente refeição.
[obrigadou/a foï ouma echcelénte reféissa-on]

Merci, nous avons passé une très agréable soirée.
Origado/a passamos uma excelente noite.
[obrigadou/a passamouch ouma echcelénte noïte]

Le goût – *o sabor*

amer	*amargo*	[amargou]
doux	*doce*	[dosse]
épicé	*picante, condimentado*	[pikainte | kondimentadou]
fade	*sem sabor*	[séin sabor]
piquant	*picante*	[pikainte]
poivré	*apimentado*	[apimentadou]
salé	*salgado*	[salgadou]
sucré	*açucarado*	[assukaradou]

amargo	**amer**	[amargou]
condimentado	**épicé**	[kondimentadou]
açucarado	**sucré**	[assukaradou]
picante	**piquant**	[pikainte]
apimentado	**poivré**	[apimentadou]
salgado	**salé**	[salgadou]
sem sabor	**fade**	[séin sabor]
doce	**doux**	[dosse]

Épices, herbes et condiments – *Especiarias, ervas e condimentos*

basilic	*manjericão*	[menjeri**ka**-on]
beurre	*manteiga*	[men**téi**ga]
cannelle	*canela*	[ka**nè**la]
coriandre	*coentros*	[kou**en**trouch]
curry	*caril*	[ka**ril**]
épice	*condimento, especiaria*	[kondi**men**tou I espessia**rï**a]
épicé	*picante, condimentado/a*	[pi**kain**te I kondimen**ta**dou/a]
gingembre	*gengibre*	[jen**jï**bre]
menthe	*hortelã pimenta*	[orte**lain** -pi**men**ta]
moutarde douce	*mostarda doce*	[mouch**tar**da **do**sse]
moutarde forte	*mostarda forte picante*	[mouch**tar**da **for**te I pi**kain**te]
noix muscade	*noz moscada*	[**noch** mouch**ka**da]
oseille	*azedo*	[a**ze**dou]
pain	*pão*	[**pa**-on]
poivre	*pimenta*	[pi**mén**ta]
poivre rose	*pimenta vermelha*	[pi**mén**ta ver**me**lla]
romarin	*rosmaninho*	[rochma**ni**gnou]
sauce	*molho*	[**mo**llou]
sauce piquante	*molho picante*	[**mo**llou pi**kain**te]
sauce soya	*molho de soja*	[**mo**llou de **so**ja]
sauge	*salva*	[**sal**va]
sel	*sal*	[sal]
thym	*tomilho*	[to**mi**llou]
vinaigre	*vinagre*	[vi**na**gre]

azedo	**oseille**	[**aze**dou]
canela	**cannelle**	[ka**nè**la]
coentro	**coriandre**	[kou**en**trou |
caril	**curry**	[ka**ril**]
manjericão	**basilic**	[menjeri**ka-on**]
gengibre	**gingembre**	[**jen**gibre]
hortelã pimenta	**menthe**	[orte**lain** pimenta]
mostarda doce	**moutarde douce**	[mouch**tar**da **do**sse]
mostarda forte, picante	**moutarde forte**	[mouch**tar**da **for**te | pi**kain**te]
noz moscada	**noix muscade**	[**no**ch mouch**ka**da]
pimenta	**poivre**	[pi**mén**ta]
pimenta vermelha	**poivre rose**	[pi**mén**ta ver**me**lla]
rosmaninho	**romarin**	[rouch**ma**nignou]
molho picante	**sauce piquante**	[**mo**llou pi**kain**te]
molho de soja	**sauce soya**	[**mo**llou de **so**ja]
salva	**sauge**	[**sal**va]
tomilho	**thym**	[to**mi**llou]
vinagre	**vinaigre**	[vi**na**gre]

Petit déjeuner – *Pequeno almoço*

café	*café*	[ka**fè**]
confiture	*compota, dôce*	[kon**po**ta	**dô**sse]
crêpes	*crepes, panquecas*	[**krè**pechs	pan**ke**kach]
croissant	*croissant*	[**kroi**ssaint]
fromage	*queijo*	[**kéi**jou]
fruits	*frutas*	[**frou**tach]
jus	*sumo*	[**sou**mou]
marmelade	*marmelada*	[marme**la**da]
musli	*granola*	[gra**no**la]
œufs	*ovos*	[**o**vouch]
omelette	*omelete*	[ome**lè**te]
pain	*pão*	[**pa-on**]
pain de blé entier	*pão de trigo, pão integral*	[**pa-on** de **tri**gou	**pa on** ïn**tegral**]
pain doré	*fatia dourada*	[fa**tia** do**ra**da]
toasts	*torradas*	[**torra**dach]
viennoiserie	*pão de leite*	[**pa-on** de **léi**te]
yaourt / yogourt	*iogurte*	[io**gour**te]

café	café	[ka**fè**]
compota, doce	confiture	[kom**po**ta, **dô**sse]
crepes, panquecas	crêpes	[**krè**pechs	pan**ke**kach]
croissant	croissant	[**kroi**ssaint]
fatia dourada	pain doré	[fa**tia** do**ra**da]
frutas	fruits	[**frou**tach]

granola	**musli**	[gran**o**la]
iogurte	**yaourt / yogourt**	[io**gour**te]
marmelada	**marmelade**	[marmel**à**da]
ovos	**œufs**	[**o**vouch]
pão (de leite)	**viennoiserie**	[**pa-on** de **lé**ite]
pão de trigo / pão integral	**pain de blé entier**	[**pa-on** de **tri**gou l **pa-on** ïnte**gral**]
pão	**pain**	[**pa-on**]
queijo fresco	**fromage frais (fromage blanc)**	[**ké**ijou **fre**chkou]
queijo	**fromage**	[**ké**ijou]
sumo	**jus**	[**sou**mou]
torradas	**toasts**	[tou**rra**dach]

BICA OU CIMBALINHO?

✳ Dans les bistros ou sur les terrasses de Porto, vous entendrez le mot *cimbalinho*, qui signifie un café espresso, mais à Lisbonne, ce sera plutôt *bica*. Porto prend en effet tous les moyens pour se démarquer de la capitale ! Par contre, dans les deux villes, un café *curto* est un espresso corsé ; un café *cheio*, un espresso allongé ; un *galão*, un café au lait servi dans un grand verre ; et un *meia de leite*, un café au lait servi dans une tasse. ✳

Fruits – *Frutas*

abricot	*damasco*	[da**ma**chcou]
ananas	*ananas*	[ana**nach**]
arachide	*amendoim*	[amen**douïn**]
banane	*banana*	[ba**na**na]
cerise	*cereja*	[se**re**ja]
citron	*limão*	[li**ma-on**]
citrouille (potiron)	*abóbora, calabaça*	[a**bo**bora, kala**ba**ssa]
clémentine	*clementina*	[clemen**ti**na]
coco	*côco*	[**kô**kou]
figues	*figos*	[**fi**gouch]
fraise	*morango*	[mou**rain**gou]
framboise	*framboesa*	[frainbou**ezach**]
fruit de la passion	*maracujá*	[mourakou**jà**]
goyave	*goiaba*	[**go**laba]
kiwi	*kibi*	[**ki**bi]
lime	*lima*	[**li**ma]
mandarine	*mandarina*	[manda**ri**na]
mangue	*manga*	[**ma**lnga]
melon	*melão*	[mela-**on**]
mûr/e	*maduro/a*	[ma**dou**rou l a]
mûre	*amora*	[a**mo**ra]
nèfles	*nêsperas*	[**nech**perach]
noix	*nozes*	[**no**zech]
orange	*laranja*	[la**rain**ja]
pamplemousse	*toranja*	[to**rain**ja]

papaye	*papaia, mamão*	[pa**pa**ia, ma**ma-on**]
pastèque	*melancia*	[melan**ssia**]
pêche	*pêssego*	[**pé**ssegou]
plantain	*plátano*	[**plà**tanou]
poire	*pêra*	[**pé**ra]
pomelo	*toranja grande*	[to**rain**ja **grain**de]
pomme	*maçã*	[ma**ssain**]
prune	*ameixa*	[a**mei**cha]
raisin	*uva*	[**ou**va]
raisins secs	*passas*	[**pa**ssach]
tangerine	*tangerina*	[tainje**ri**na]
vert/e	*verde*	[**ver**de]

abóbora	citrouille	[a**bo**bora]
ameixa	prune	[a**méi**cha]
amendoim	arachide	[amen**douïn**]
ananas	ananas	[ana**nach**]
banana	banane	[ba**na**na]
calabaça	potiron	[kala**ba**ssa]
cereja	cerise	[se**re**ja]
clementina	clémentine	[clemen**ti**na]
côco	coco	[**kô**kou]
figos	figues	[**fi**gouch]
frambuesa	framboise	[frenbou**ezach**]
goiaba	goyave	[**goia**ba]
kibi	kiwi	[**ki**bi]

laranja	orange	[larainja]
lima	lime	[lima]
limão	citron	[lima-on]
maçã	pomme	[massain]
maduro/a	mûr/e	[madourou l a]
mamão	papaye	[mama-on]
manga	mangue	[mainga]
maracujá	fruit de la passion	[marakoujà]
melancia	pastèque	[melainssia]
melão	melon	[mela-on]
morangos	fraise	[moraingouch]
nêsperas	nèfles	[néchperach]
nozes	noix	[nozech]
papaia	papaye	[papaia]
passas	raisins secs	[passach]
pera	poire	[pera]
pêssego	pêche	[péssegou]
plátano	plantain	[platanou]
tangerina	tangerine	[tainjerina]
toronja	pamplemousse	[tourainja]
uva	raisin	[ouva]
verde	vert	[verde]

Légumes – *Verduras*

ail	*alho*	[**a**llou]
asperges	*espargos*	[ech**par**gouch]
aubergines	*berinjelas*	[berin**jè**lach]
avocat	*abacate*	[aba**ka**te]
brocoli	*brócolos*	[**bro**coulouch]
carotte	*cenoura*	[se**no**ra]
céleri	*aipo*	[**ai**pou]
champignon	*cogumelo*	[kogou**mè**lou]
chou	*couve, repolho*	[**ko**ve I re**po**llou]
chou-fleur	*couve flor*	[**ko**ve f**lo**r]
chou de Bruxelles	*couve de Bruxelas*	[**ko**ve de brou**chè**lach]
concombre	*pepino*	[pe**pi**nou]
courge	*abóbora*	[a**bo**boura]
courgette	*abóbrinha*	[a**bo**brigna]
cresson	*agrião*	[agria-**on**]
épinards	*espinafres*	[espi**na**frech]
fenouil	*funcho*	[**foun**chou]
haricots	*feijões*	[féi**jon-i**ch]
laitue	*alface*	[**al**fasse]
maïs	*milho*	[**mi**llou]
navet	*nabo*	[**na**bou]
oignon	*cebola*	[se**bo**la]
piment	*piri piri*	[**piri piri**]
poireau	*alho porro*	[**a**llo **pô**rrou]
pois	*ervilhas*	[er**vi**llach]

pois chiche	*grão*	[**gra**-on]
poivron	*pimento*	[pi**men**tou]
pommes de terre	*batatas*	[ba**ta**tach]
radis	*rabanetes*	[raba**ne**tech]
tomate	*tomate*	[to**ma**te]

abacate	**avocat**	[aba**ka**te]
abóbora	**citrouille**	[a**bo**boura]
agrião	**cresson**	[agria-**on**]
aipo	**céleri**	[**ai**pou]
alface	**laitue**	[**al**fasse]
alho pôrro	**poireau**	[**a**llou **pôr**rou]
alho	**ail**	[**a**llou]
batatas	**pommes de terre**	[ba**ta**tach]
berinjelas	**aubergines**	[berin**jò**lach]
brócolos	**brocoli**	[**bro**koulou]
calabaça,	**potiron**	[kala**ba**ssa]
cebola	**oignon**	[se**bo**la]
cenoura	**carotte**	[se**no**ra]
cogumelo	**champignon**	[kougu**mè**lou]
couve de Bruxelas	**chou de Bruxelles**	[**ko**ve de brou**chè**lach]
couve flor	**chou-fleur**	[**ko**ve **flor**]
couve	**chou**	[**ko**ve]
ervilhas	**pois**	[er**vi**llach]
espargos	**asperges**	[ech**par**gouch]
espinafres	**épinards**	[espi**na**frech]

feijões	haricots	[féijon-ich]
funcho	fenouil	[founchou]
grão	pois chiche	[gra-on]
milho	maïs	[mïllou]
nabo	navet	[nabou]
palmito	cœur de palmier	[palmitou]
pepino	concombre	[pepinou]
pimento	poivron	[pimentou]
piripiri	piment	[piri piri]
rabanetes	radis	[rabanetech]
repolho, couve	chou	[repollou | kove]
tomate	tomate	[tomate]

Viandes – *Carnes*

à point (médium)	*médio*	[mèdiou]
agneau	*cordeiro*	[kordeirou]
bien cuit	*bem passado,* *bem cozido*	[béin passadou] [béin kouzidou]
bifteck	*bife*	[bife]
bœuf	*vaca*	[vaka]
boudin	*morcela*	[morssela]
boulette	*almôndegas*	[almondegach]
brochette	*espetada*	[echpetada]
caille	*codorniz*	[koudournich]
canard	*pato*	[patou]

cervelle	*miolos*	[**mio**llouch]
chèvre	*cabra*	[**ka**bra]
chevreau	*cabrito*	[ka**bri**tou]
côtelette	*costeleta*	[koste**le**ta]
cru	*cru*	[krou]
cubes	*cubos*	[**kou**bouch]
cuisse	*côxa*	[**kô**cha]
dinde	*perú*	[pe**rou**]
entrecôte	*entrecosto*	[entre**koch**tou]
escalope	*escalope*	[echka**lo**pe]
farci	*recheado*	[re**chia**dou]
filet	*filete*	[fi**lè**te]
foie	*fígado*	[**fi**gadou]
fumé	*fumado*	[fou**ma**dou]
grillade	*assado*	[a**ssa**dou]
haché	*picado/a*	[pi**ka**dou/a]
jambon	*fiambre*	[**fiain**bre]
jarret	*patas, curva*	[**pa**tach | **kour**va]
langue	*lingua*	[**lin**goua]
lapin	*coelho*	[kou**e**llou]
lièvre	*lebre*	[**lè**bre]
magret de canard	*filete de pato*	[fi**lè**te de **pa**tou]
oie	*ganso*	[**gain**ssou]
pattes	*patas*	[**pa**tach]
perdrix	*perdiz*	[per**dich**]
poitrine	*peito*	[**péi**tou]

5 Commodités

porc	*porco, leitão*	[**por**kou ǀ léi**ta-on**]
poulet	*frango*	[**frain**gou]
rognons	*rins*	[**rin**ch]
rosé	*rosado*	[ro**za**dou]
saignant	*mal passado*	[mal pa**ssa**dou]
sanglier	*javali*	[java**li**]
saucisse	*salsicha, chouriço*	[sal**ssi**cha ǀ **cho**rissou]
tartare	*tártaro*	[**tàr**tarou]
tranche	*cortado*	[kour**ta**dou]
tripes	*tripas*	[**tri**pach]
veau	*vitela*	[vi**tè**la]
viande	*carne*	[**kar**ne]
volaille	*aves*	[**a**vech]

almôndegas	**boulette**	[al**mon**degach]
bife	**bifteck**	[**bi**fe]
boi	**bœuf**	[**boï**]
cabra	**chèvre**	[**ka**bra]
cabrito	**chevreau**	[ka**bri**tou]
codorniz	**caille**	[kodor**nich**]
coelho	**lapin**	[kou**e**llou]
cordeiro	**agneau**	[kor**déi**rou]
cortado	**tranche**	[kour**ta**dou]
costeleta	**côtelette**	[kouchte**le**ta]
côxa	**cuisse**	[**ko**cha]

cru	**cru**	[krou]
cubos	**cubes**	[**kou**bouch]
entrecosto	**entrecôte**	[entre**ko**chtou]
escalope	**escalope**	[echka**lo**pe]
espetadas	**brochette**	[echpe**ta**dach]
fiambre	**jambon**	[**fi**ambre]
figado	**foie**	[**fi**gado]
filete de pato	**magret de canard**	[fi**lè**te de **pa**tou]
filete	**filet**	[fi**lè**te]
frango	**poulet**	[**frain**gou]
fumado	**fumé**	[fou**ma**dou]
ganso	**oie**	[**gain**sou]
grelhado	**grillade**	[grel**la**dou]
javali	**sanglier**	[java**li**]
lebre	**lièvre**	[**lè**bre]
lingua	**langue**	[**lin**goua]
miolos	**cervelle**	[**mio**louch]
morcela	**boudin**	[mour**sse**la]
pata	**patte**	[**pa**ta]
patas	**pattes**	[**pa**tach]
pato	**canard**	[**pà**tou]
peito	**poitrine**	[**péi**tou]
perdiz	**perdrix**	[per**dich**]
perú	**dinde**	[pe**rou**]
picado/a	**haché tranché**	[pi**ka**dou, kour**ta**dou]
porco	**porc**	[**por**kou]

recheado	**farci**	[re**chia**dou]
rins	**rognons**	[**ri**nch]
tártaro	**tartare**	[**tar**tarou]
tripas	**tripes**	[**tri**pach]
vaca	**bœuf**	[**va**ka]
vitela	**veau**	[vi**tè**la]

Poissons et fruits de mer – *Peixes e mariscos*

anchois	*anchovas*	[ain**cho**vach]
anguille	*enguia*	[én**guï**a]
calmar	*lulas*	[**lou**lach]
chinchard	*carapau*	[kara**paou**]
crabe	*caranguejo*	[karan**gué**jou]
crabes	*caranguejos*	[karain**gue**jouch]
crevettes	*camarões*	[kamar**on-ich**]
darne	*posta*	[**po**chta]
escargot	*caracol*	[kara**kol**]
espadon	*peixe espada*	[**péi**che ech**pa**da]
filet	*filete*	[fi**lè**te]
hareng	*arenque*	[a**rén**ke]
homard	*lagosta*	[la**go**chta]
huîtres	*ostras*	[**och**tra]
langoustine	*lagostim*	[langouch**tïn**]
lotte	*tamboril*	[tainbou**ril**]
maquereau	*cavala*	[ka**va**la]
merlan	*pescada*	[pech**ka**da]

morue	*bacalhau*	[baka**llàou**]
moules	*mexilhões*	[mechi**llon-ich**]
oursin	*ouriços*	[**ori**ssouch]
palourdes	*amêijoas*	[a**méi**jouach]
pétoncles	*conchas*	[**kon**chach]
pieuvre	*polvo*	[**pol**vou]
raie	*raia*	[**rài**a]
requin	*tubarão*	[touba**ra-on**]
rouget	*salmonete*	[salmou**nete**]
sardines	*sardinhas*	[sar**di**gnas]
saumon	*salmão*	[sal**ma-on**]
saumon fumé	*salmão fumado*	[sal**ma-on** fou**ma**dou]
sole	*linguado*	[lin**goua**dou]
thon	*atum*	[a**toun**]
truite	*truta*	[**trou**ta]

ameijoas	palourdes	[a**méi**jouach]
anchovas	anchois	[ain**cho**vach]
atum	thon	[a**toun**]
bacalhau	morue	[baka**llàou**]
camarões	crevettes	[kama**ron-ich**]
camarões	crevettes	[kma**ron-ich**]
caracol	escargot	[kara**kol**]
caranguejo	crabe	[karain**gué**jou]
conchas	pétoncles	[**kon**chach]

enguia	**anguille**	[en**gui**a]
filete	**filet**	[fi**lè**te]
harenque	**hareng**	[a**ren**ke]
lagosta	**homard**	[la**go**chta]
lagosta	**langouste**	[la**go**chta]
lagostim	**langoustine**	[lagouch**tï**n]
linguado	**sole**	[lin**goua**dou]
lula	**calmar**	[**lou**lach]
ostras	**huîtres**	[**och**tra]
ouriço	**oursin**	[**o**rissou]
peixe espada	**espadon**	[**péi**che ech**pa**da]
pescada	**merlan**	[pech**ka**da]
polvo	**pieuvre**	[**pol**vou]
posta	**darne**	[**poch**ta]
raia	**raie**	[**rà**ia]
salmão fumado	**saumon fumé**	[sal**ma-on** fou**ma**dou]
salmão	**saumon**	[sal**ma-on**]
sardinhas	**sardines**	[sar**di**gnach]
truta	**truite**	[**trou**ta]
tubarão	**requin**	[touba**ra-on**]

LES PÂTISSERIES

* Dans les cafés portugais, vous pourrez vous offrir de délicieux *pastéis de nata* (petits flans crémeux à la pâte feuilletée), *bolo rei* (pain sucré en forme de couronne, garni de fruits confits), *toucinho do céu* (riche dessert aux œufs et aux amandes) et *rabanadas* (pain perdu parfumé au rhum). *

Desserts – *Sobremesas*

caramel	*caramelo*	[kara**mè**lou]
chocolat	*chocolate*	[choucou**la**te]
crème-dessert	*creme de natas*	[**krè**me de **na**tach]
flan	*flan*	[fl**ain**]
gâteau	*bolo*	[**bo**lou]
glace (crème glacée)	*gelado*	[ge**lo**dou]
meringue	*merengue*	[me**rén**gue]
mousse au chocolat	*musse de chocolate*	[**mou**sse de choukou**la**te]
riz sucré	*arroz doce*	[a**rroch dô**sse]

sorbet	*sorvete*	[sour**vè**te]
tarte	*torta*	[**tor**ta]
tartelettes à la crème	*pastéis de nata*	[pach**téich** de **na**ta]
vanille	*baunilha*	[**baou**nilla]

baunilha	**vanille**	[**baou**nilla]
bolo	**gâteau**	[**bo**lou]
caramelo	**caramel**	[kara**mè**lou]
chocolate	**chocolat**	[choukou**la**te]
creme de natas	**crème-dessert**	[**krè**me de **na**tach]
flan	**flan**	[fla**in**]
gelado	**glace**	[ge**la**dou]
merengue	**meringue**	[mere**ren**gue]
musse de chocolate	**mousse au chocolat**	[**mou**sse de choukou**la**te]
pastéis de nata	**tartelettes à la crème**	[pach**téich** de **na**ta]
sorvete	**sorbet**	[sour**vè**te]
torta	**tarte**	[**tor**ta]

SORTIES
SAIR

Divertissements – *Divertimentos*

ballet	*ballet*	[**ball**et]
billetterie	*bilheteira*	[bille**téi**ra]
cinéma	*cinema*	[**si**nema]
concert	*concerto*	[kon**ser**tou]
danse folklorique	*danças folclóricas*	[**dain**ssach folklorikach]
entracte	*intervalo*	[inter**va**lou]
folklore	*folclore*	[**folk**lore]
guichet	*bilheteira*	[bille**téi**ra]
hockey	*hoquei*	[**o**kéi]
opéra	*ópera*	[**o**pera]
programme	*programa*	[**prou**grama]
siège	*lugar, assento*	[lou**gar**, a**ssen**tou]
siège réservé	*lugar reservado*	[lou**gar** reser**va**dou]
soccer / football	*futebol*	[foute**bol**]
spectacle	*espectáculo*	[echp**è**tak**oulo**]
tauromachie	*tauromaquia*	[taourouma**kïa**]
théâtre	*teatro*	[**tià**trou]
toréador	*toreiro*	[tor**éi**rou]

Les places les moins chères
Os lugares mais baratos
[ouch lou**ga**rech **maï**ch ba**ra**touch]

Les meilleures places
Os melhores lugares
[ouch me**llo**rech lou**ga**rech]

Je voudrais... places.
Queria… lugares.
[ke**ria** .. lou**ga**rech]

Est-ce qu'il reste des places pour … ?
Ainda há lugares para …?
[**aïn**da à lou**ga**rech para]

Quel jour présente-t-on … ?
Que dia é a apresentação …?
[ke **di**a è a aprezenta**ssa**-**on**]

Est-ce en version originale ?
É a versão original ?
[é a ver**ssa**-**on** origi**nal**]

Est-ce sous-titré ?
Tem legendas ?
[téin le**gén**dach]

La vie nocturne – *Vida nocturna*

apéritif	*aperitivo*	[ape**ri**tivou]
bar	*bar*	[**bàr**]
bar gay	*bar de gays*	[**bàr** de **gai**ch]
bar lesbien	*bar de lésbicas*	[**bàr** de **lèch**bicach]
barman	*barman*	[**bàr**man]
boîte de nuit	*cabaré, discoteca*	[**ka**barè, dichkou**tè**ka]

chanteur/euse	cantor/a	[kain**tor**/a]
consommation	consumo	[kon**ss**oumou]
danse	baile	[**bà**ile]
discothèque	dicoteca	[dichkou**tè**ka]
entrée	entrada	[én**tra**da]
fête	festa	[**fèch**ta]
jazz	jazz	[**jà**zz]
milieu gay	ambiente gay	[ambi**én**te gueï]
musicien	músico/a	[mouzi**kou**/a]
musique en direct	musica ao vivo	[mouzika aou **vi**vou]
piste de danse	pista (de dança)	[**pich**ta l de **dain**ssa]
strip-tease	strip-tease	[strip-tease]
travesti	travesti	[tra**vèch**ti]
maison de fado	casa de fados	[**k**aza de **fa**douch]
chanteur/euse de fado	fadista	[fa**dich**ta]
un verre	um trago	[oum **tra**gou]
alcool	alcool	[al**kol**]
apéritif	aperitivo	[aperit**ti**vou]
bière	cerveja	[ser**véi**ja]
boisson importée	bebida importada	[be**bi**da impor**ta**da]
boisson nationale	bebida nacional	[be**bi**da nassiou**nal**]
digestif	digestivo	[digech**ti**vou]
eau minérale	água mineral sem gaz	[**a**goua mine**ral** séin **ga**ch]

eau minérale gazeuse	*água mineral com gaz*	[**a**goua mine**ral** kon **ga**ch]
jus d'orange	*sumo de laranja*	[**sou**mo de lar**ain**ja]
soda	*soda*	[**so**da]
eau de vie	*aguardente*	[agouar**déin**te]
vermouth	*vermute*	[**vèr**moute]
vin	*vinho*	[**vi**gnou]

LE FADO

✳ Selon certains historiens, le mot « fado » proviendrait du latin *fatum*, qui signifie « destin ». Chant typiquement portugais, le fado évoque des récits nostalgiques, souvent empreints de tristesse mais parfois avec des passages joyeux. La naissance du fado reste à ce jour encore imprécise : certains l'attribuent aux marins qui signifiaient par ce chant leur mal du pays et d'autres affirment qu'il trouve sa source dans la rencontre entre l'Afrique et le Nouveau Monde. ✳

Rencontres - *Encontros*

affectueux	*meigo*	[**méi**gou]
beau/ belle	*bonito/a,* *lindo/a*	[bou**ni**to/a | **lin**dou/a]
célibataire	*solteiro/a*	[sol**téi**rou/a]
charmant/e	*encantador/a*	[enkanta**dor**/a]
compliment	*pirôpo*	[pi**ro**pou]
conquête	*conquista*	[kon**kich**ta]
couple	*casal*	[ka**sal**]
discret/ète	*discreto/a*	[dis**krè**tou/a]
divorcé/e	*divorciado/a*	[divour**ssia**dou/a]
draguer	*conquistar*	[konkich**tar**]
enchanté/e	*encantado/a*	[enkan**ta**dou/a]
fatigué/e	*cansado/a*	[kain**ssa**dou]
femme	*mulher*	[moul**lèr**]
fidèle	*fiel*	[fi**èl**]
fille	*rapariga,* *moça*	[rapa**ri**ga | **mo**ssa]
garçon	*rapaz,* *moço*	[ra**pach** | **mo**ssou]
gay	*gay,* *homosexual*	[gu**éï** | omo**ssèks**soual]
grand/e	*grande*	[**grain**de]
homme	*homem*	[o**méin**]
invitation	*convite*	[kon**vi**te]
inviter	*convidar*	[konvi**dar**]

ivre	*bêbedo, ébrio*	[**bé**bedou	**è**briou]
jaloux/jalouse	*ciumento/a*	[**siou**mentou/a]
jeune	*jóvem*	[**jo**véin]
joli/e	*bonito/a, lindo/a*	[bo**ni**tou/a	**lin**dou/a]
jouer au billard	*jogar ao bilhar*	[jou**gar** **à**ou bi**llar**]
laid/e	*feio/a*	[**féi**ou/a]
macho	*macho*	[**ma**chou]
marié/e	*casado/a*	[ka**za**dou/a]
mignon/ne	*amoroso/a*	[amou**ro**zou/a]
personnalité	*personalidade*	[personali**da**de]
petit/e	*pequeno/a*	[pe**ke**nou/a]
prendre un verre	*tomar um copo*	[tou**mar** oun **ko**pou]
rendez-vous	*encontro*	[èn**kon**trou]
Santé! (pour trinquer)	*saúde*	[sa**ou**de]
séparé/e	*separado/a*	[sepa**ra**dou/a]
seul/e	*sozinho/a*	[**so**zignou/a]
sexe protégé	*sexo protegido*	[**sè**ksso prote**gi**dou]
sexy	*sexy*	[**sè**kssi]
sympathique	*simpático/a*	[sinpa**ti**kou/a]
vieux/vieille	*velho/a*	[**vè**llou/a]

Comment allez-vous?
Como está o, senhor / a senhora?
[**ko**mo ech**tà** ou se**gnor**, a se**gno**ra]

Très bien, et vous?
Muito bem obrigado/a, e o senhor/a?
[m**ouin**to béin obri**ga**dou/a i ou se**gn**or/a]

Je vous présente...
Apresento-lhe...
[apre**sén**tou-lle]

Pourriez-vous me présenter à cette demoiselle?
Podia apresentar-me esta rapariga?
[pou**dia** apre**sén**tarme **èch**ta rapa**ri**ga]

À quelle heure la plupart des gens viennent-ils?
A que horas chegam a maioria das pessoas?
[a ke **o**rach che**ga**-on a maiou**ria** dach pe**sso**ach]

À quelle heure est le spectacle?
A que horas é o espectaculo?
[a k**o o**rach à ou echp**è**t**a**koulou]

Bonsoir, je m'appelle...
Boa noite, chamo-me...
[b**oa** n**oï**te **cha**mou-me]

Est-ce que cette musique te plaît?
Gosta da música?
[**goch**ta da **mou**zika]

Je suis hétérosexuel.
Sou heterosexual.
[sô eté**ro**sse**k**ssoual]

Je suis gay.
Sou gay.
[sô gu**eï**]

Je suis lesbienne.
Sou lésbica.
[sô **lèch**bika]

Je suis bisexuel/le.
Sou bissexual.
[sô bi**sse**kssoual]

Est-ce que c'est ton ami/e, là-bas ?
Aquele é o teu namorado/a ?
[a**ké**le è o **té**ou namou**ra**dou/a]

Lequel ?	*Qual ?*	[kou**àl**]
le blond / la blonde	*o/a loiro/a*	[ou/a **loï**rou/a]
le roux / la rousse	*o/a ruivo/a*	[ou/a **rouï**vou/a]
le brun / la brune	*o/a moreno/a*	[ou/a mo**re**nou/a]

Est-ce que tu prends un verre ?
Tomas um copo ?
[**to**mach oun **ko**pou]

Qu'est-ce que tu prends ?
O que é que tomas ?
[ou ke è ke **to**mach]

De quel pays viens-tu ?
De que país és tu ?
[de ke **pai**chs **è**ch tou]

Es-tu ici en vacances ou pour le travail ?
Estas aqui de férias ou por trabalho ?
[ech**tàch a**ki de **fè**riach o pour tra**ba**llou]

Que fais-tu dans la vie ?
Que fazes na vida ?
[ke **fa**zech na **vi**da]

Habites-tu ici depuis longtemps ?
Vives aqui há muito tempo ?
[**vi**vech a**ki** à m**ouin**to **tém**pou]

Ta famille vit-elle également ici ?
A tua família também vive cá ?
[a toua familia tainbéin vive kà]

As-tu des frères et des sœurs ?
Tens irmãos ?
[téinich irma-onch i irmainch]

Est-ce que tu viens danser ?
Vens dançar ?
[véinch dainssar]

Cherchons un endroit tranquille pour bavarder.
Porcuremos um lugar calmo para conversar.
[prokouremouch oun lougar kalmou para konverssar]

Tu es bien mignon/ne.
És muito bonito/a, muito lindo/a.
[éch mouintou bonitou/a lindou/a]

As-tu un ami / une amie ?
Tens um namorado/a ?
[téinch oun namouradou/a]

Quel dommage !
Que pena !
[ke péna]

Aimes-tu les hommes / les femmes ?
Tu gostas de homens (de mulheres) ?
[gochtach de oméinch I de moullèrech]

As-tu des enfants ?
Tens filhos ?
[tèinch fillouch]

Pouvons-nous nous revoir demain soir ?
Podemos ver-nos amanhã à noite ?
[podémouch vér-nouch amagnain à noïte]

Quand pouvons-nous nous revoir?
Quando é que podemos voltar a ver-nos?
[kouaindo è ke podemouch voltar a ver-nouch]

J'aimerais t'inviter à dîner demain soir.
Gostaria de convidar-te para jantar amanhã à noite.
[gouchtaria de konvidar-te para jaintar amagnain à noïte]

Viens-tu chez moi?
Vens a minha casa?
[véinch a migna kaza]

Pouvons-nous aller chez toi?
Podemos ir a tua casa?
[poudemouch ir a toua kasa]

J'ai passé une excellente soirée avec toi.
Passei uma excelente noite contigo.
[passéi ouma echcelente noïte kontigou]

ACHATS
IR ÀS COMPRAS

À quelle heure ouvrent les boutiques?
A que horas abrem as lojas, as butiques?
[a ke orach abréin ach lojach, ach boutikech]

À quelle heure ferment les boutiques?
A que horas fecham as lojas, as butiques?
[a ke orach fehcha-on ach lojach, ach butikech]

Est-ce que les boutiques sont ouvertes aujourd'hui?
As lojas estão abertas hoje?
[ach lojach echta-on abèrtach oje]

À quelle heure fermez-vous ?
A que horas é que fecha ?
[a ke **o**rach é ke **fe**cha]

À quelle heure ouvrez-vous demain ?
A que horas abre amanhã ?
[a ke **o**rach **a**bre ama**gnain**]

Avez-vous d'autres succursales ?
Há outras sucursais ?
[à **o**trach sou**kour**ssaich]

Quel est le prix ?
Qual é o preço ?
[kou**al** è ou **pre**ssou]

Combien cela coûte-t-il ?
Isto, quanto é que custa ?
[**ich**to **kouain**tou è ke **kouch**ta]

En avez-vous des moins chers ?
O senhor / a senhora tem mais baratos ?
[ou se**gnor** / a se**gnora** téin **maich** bara**touch**]

Je cherche une boutique de...
Procuro uma butique de...
[pro**kou**rou ouma bou**ti**ke de]

Où se trouve le supermarché le plus près d'ici ?
Onde é o supermercado mais perto ?
[**on**de è ou soupèrmer**ka**dou **maich** **pèr**tou]

centre	*centro*	[**sén**trou
commercial	*comercial*	koumer**ssial**]
marché	*mercado*	[mer**ka**dou]
boutique	*loja, butique*	[**lo**ja, bou**ti**ke]
cadeau	*presente*	[pre**sén**te]

carte postale	postal	[pochtal]
timbres	selos	[selouch]
vêtements	roupas	[ropach]

Différents commerces – *Comércio em geral*

Agent de voyages *agente de viagens* [agénte de viagéinch]

Je voudrais modifier ma date de retour.
Queria mudar a minha data de regresso.
[keria moudar a migna data de regrèssou]

Je voudrais acheter un billet pour...
Queria comprar um bilhete para...
[keria konprar oun billéte para]

aliments naturels *alimentos naturais* [aliméntouch natouraich]

appareils électroniques *aparelhos electrodomésticos* [aparellouch elètrodoumèchticouch]

Je voudrais une nouvelle pile pour...
Queria uma pilha nova para...
[keria ouma pilla nova para]

artisanat	artesanato	[artezanatou]
boucherie	talho	[tallou]
buanderie	lavandaria	[lavaindaria]
coiffeur	cabeleireiro	[kabeleiréirou]
disquaire	casa de discos	[kaza de dichcouch]

Avez-vous un disque de...
Tem um disco de...
[téin oun dichkou de]

Quel est le plus récent disque de ...?
Qual é o disco mais recente de ...?
[koual é ou **dich**kou **maich** re**ssén**te de]

Est-ce que je peux l'écouter?
Posso escutá-lo?
[**po**ssou echcou**ta**-lou]

Pouvez-vous me dire qui chante?
Pode dizer-me quem canta?
[**po**de di**zer**-me **kein kan**ta]

Avez-vous un autre disque de ...?
Tem outro disco de ...?
[**téin o**trou **dich**kou de]

| **Équipement photographique** | *Equipamento de fotografía* | [ekipa**mén**tou de foutougra**fia**] |
| **Équipement informatique** | *equipamento de informática* | [ckipa**mén**tou de infour**mà**tika] |

Faites-vous les réparations?
O senhor / a senhora, faz consertos?
[ou se**gno**r, a se**gno**ra **fach** kon**sser**touch]

Comment/où puis-je me brancher sur Internet?
Como? Onde posso ligar à internete?
[**ko**mou l onde **po**ssou ligar à inter**nè**te]

équipement sportif	*equipamento desportivo*	[ekipa**mén**tou dechpour**ti**vou]
jouets	*jogos*	[**jo**gouch]
librairie	*livraria*	[livra**ria**]
atlas routier	*atlas de estradas*	[**a**tlach de ech**tra**dach]
beau livre	*livro ilustrado*	[**li**vrou ilouch**tra**dou]

carte	*mapa*	[**ma**pa]
carte	*mapa*	[**ma**pa
plus précise	*mais detalhado*	**mai**ch detal**la**dou]
dictionnaire	*dicionário*	[dissiou**na**riuo]
guide	*guia*	[**gui**a]
journaux	*jornais, diários*	[jour**naich**, **dia**riouch]
littérature	*literatura*	[litera**tou**ra]
livre	*livro*	[**li**vrou]
magazines	*revistas*	[re**vich**tach]
poésie	*poesia*	[poé**si**a]
répertoire	*repertório*	[reper**to**riou
des rues	*de ruas*	de **rou**ach]

Avez-vous des livres en français ?
O senhor / a senhora, tem livros em francês ?
[ou se**gno**r, a se**gno**ra téin **li**vrouch éin frans**séch**]

marché	*mercado*	[mer**ka**dou]
d'alimentation		
marché	*mercado de*	[mer**ka**dou de
d'artisanat	*artesanato*	artesa**na**tou]
marché	*mercado*	[mer**ka**dou
public	*público*	**pou**blicou]
nettoyeur à sec	*lavandaria*	[lavainda**ri̇**a]

Pouvez-vous laver et repasser cette chemise pour demain ?
O senhor / a senhora, pode lavar e engomar esta camisa para amanhã ?
[ou se**gno**r, a se**gno**ra **po**de la**va**r ién**gou**mar **ech**ta ka**mi**za para ama**gnain**]

oculiste   *oculista*   [okou**lich**ta]

J'ai brisé mes lunettes.
Parti os meus óculos (as lentes).
[par**ti** ouch **me**ouch o**kou**louch | **lén**tech]

Je voudrais faire remplacer mes lunettes.
Queria mudar os meus óculos (lentes).
[ke**ria** mou**dar** ouch **me**ouch o**kou**louch | **lén**tech]

J'ai perdu mes lunettes.
Perdi os meus óculos.
[per**di** ouch **mé**ouch **o**koulouch]

J'ai perdu mes lentilles cornéennes.
Perdi as minhas lentes de contacto.
[per**di** ach **mi**gnach **lén**tech de kon**tato**]

Voici mon ordonnance.
Aqui está a minha receita.
[a**ki** ech**tà** a **mi**gna res**séi**ta]

Je dois passer un nouvel examen de la vue.
Devo fazer um novo exame à vista.
[**de**vou fa**zer** oun **no**vou e**za**me à **vich**ta]

pharmacie	*farmácia*	[far**ma**ssia]
poissonnerie	*peixaria*	[péicha**ria**]
produits de beauté	*produtos de beleza*	[pro**dou**touch de be**le**za]
quincaillerie	*casa de ferragens*	[**ka**za de ferrà**géin**ch]
supermarché	*supermercado*	[soupèrmer**ka**dou]

Pouvez-vous me faire un meilleur prix ?
O senhor / a senhora pode fazer-me um melhor preço ?
[ou se**gnor**, a se**gno**ra **po**de fa**zar**-me oun me**llor** **pre**ssou]

Est-ce que vous acceptez les cartes de crédit ?
O senhor / a senhora aceita cartões de crédito ?
[ou se**gnor**, a se**gno**ra as**séi**ta kar**ton**-ich de **krè**ditou]

Vêtements – *Roupas*

vêtements d'enfants	*roupas para crianças*	[**ro**pas para **kriain**ssach]
vêtements de femmes	*roupas para senhoras*	[**ro**pas para se**gno**rach]
vêtements d'hommes	*roupas para homens*	[**ro**pas para om**éinch**]
vêtements sport	*roupas desportiva*	[**ro**pas dechpour**ti**va]
anorak	*gabardines*	[ga**bar**dinech]
caleçon boxeur	*calção, calções*	[kal**ssa-on** l kal**sson-ich**]
casquette	*gorro*	[**go**rrou]
ceinture	*cinto*	[**sin**tou]
chapeau	*chapéu*	[cha**pèou**]
chandail	*camisola*	[kami**zo**la]
chaussettes	*meias, soquetes*	[**méi**ach, so**kè**tech]
chaussures	*sapatos*	[sa**pa**touch]
chemise	*camisa*	[kami**za**]
complet	*fato*	[**fa**to]
cravate	*gravata*	[gra**và**ta]
culotte	*cueca*	[kou**è**ka]
jean	*jeans*	[jeans]
jupe	*saia*	[**sài**a]
maillot de bain	*fato de banho*	[**fa**tou de **ba**gnou]

manteau	*casaco, sobretudo*	[kazakou, sobretoudou]
pantalon	*calça*	[kalssa]
peignoir	*penteador*	[paintiador]
pull	*pulóver*	[poulovèr]
robe	*vestido*	[vechtidou]
short	*calção*	[kalssa-on]
sous-vêtement	*roupa interior*	[ropa interior]
soutien-gorge	*sutiã*	[soutien]
tailleur	*saia-casaco*	[saia	kazakou]
t-shirt	*camiseta, t-shirt*	[kamiszeta	t-shirt]
veste	*jaqueta*	[jaketa]
veston	*jaquetão, casaco*	[jaketa-on	kazakou]

Est-ce que je peux l'essayer ?
Posso provar ?
[possou prouvar]

Est-ce que je peux essayer une taille plus grande ?
Posso provar um tamanho maior ?
[possou prouvar oun tamagnou maior]

Est-ce que je peux essayer une taille plus petite ?
Posso provar um tamanho mais pequeno ?
[possou prouvar oun tamagnou maich pekenou]

Est-ce que vous faites les rebords ? la retouche ?
Pode fazer as baínhas ? Retocar ?
[pode fazer ach baïgnach | retoukar]

5 Commodités

Est-ce qu'il faut payer pour la retouche?
Tem que se pagar pelos retoques?
[téin ke se pa**gar pe**louch re**to**kech]

Quand est-ce que ce sera prêt?
Para quando está pronto?
[para **kouain**dou ech**tà pron**tou]

En avez-vous des plus ...?
Tem mais ...?
[téin **mai**ch]

grands	*grandes*	[**grain**dech]
petits	*pequenos*	[pe**ke**nouch]
larges	*largos*	[**lar**gouch]
légers	*leves*	[**lè**vech]
foncés	*escuros*	[ech**kou**rouch]
clairs	*claros*	[**kla**rouch]
économiques	*baratos*	[bara**tou**ch]
amples	*amplos*	[**ain**plouch]
serrés	*estreitos*	[ech**tréi**touch]
simples	*simples*	[**sim**plech]
souples	*leves*	[**lè**vech]

Tissus – *tecidos*

acrylique	*acrílico*	[a**kri**likou]
coton	*algodão*	[algo**da-on**]
laine	*lã*	[**lain**]
lin	*linho*	[**li**gnou]

polyester	*poliester*	[poli**èch**ter]
rayonne	*seda artificial*	[**sé**da arti**fí**ssial]
soie	*seda*	[**se**da]

De quel tissu est-ce fait ?
De que material está feito ?
[de ke mate**rial** ech**tà féi**tou]

Est-ce que c'est 100% coton ?
É de 100% algodão ?
[é de 100% algou**da-on**]

HORAIRES AU PORTUGAL

* Beaucoup associent de manière erronée le Portugal aux pays du Bassin méditerranéen et en concluent donc que les habitants de ce pays passent de longues heures à faire la sieste. Contrairement à son voisin espagnol ou à l'Italie, la *sesta* (sieste) est plus rarement observée ici et est même quasi absente selon les régions. Donc, en règle générale, les heures d'ouverture de la plupart des commerces sont de 10h à 19h, souvent sans interruption. *

RAPPORTS HUMAINS

VIE PROFESSIONNELLE
VIDA PROFISSIONAL

....

Je vous présente...	*Apresento-lhe...*	[apreséntou-lle]
Enchanté/e.	*Encantado/a.*	[enkantadou/a]

J'aimerais avoir un rendez-vous avec le directeur.
Gostaria de marcar um encontro com o director.
[gouchtaria de markar oun énkontrou kon o dirètor]

Puis-je avoir le nom du directeur ?
Poderia dar-me o nome do director ?
[pouderia dar- me ou nome dou dirètor]

Puis-je avoir le nom de la personne responsable ... ?
Pode dar-me o nome da pessoa responsável ... ?
[pouderia dar- me ou nome da pessoa rechponssàvèl]

du marketing	*do marketing*	[dou **mar**keting]
des importations	*das importações*	[dach ïnpourta**sson-ich**]
des exportations	*das exportações*	[dach echpourta**sson-ich**]
des ventes	*das vendas*	[das **vén**dach]
des achats	*das compras*	[das **kon**prach]

du personnel	*do pessoal*	[dou pe**ssou**al]
de la comptabilité	*da contabilidade*	[da kontabili**da**de]

C'est urgent. *É urgente.* [è our**gén**te]

Je suis..., de la société...
Sou..., da empresa...
[sô..., da ein**pre**za]

Elle n'est pas ici en ce moment.
Ela não está aqui neste momento.
[èla **na-on** ech**tà** a**ki** **nech**te mo**mén**tou]

Elle est sortie.
Ela saiu.
[èla **saï**ou]

Quand sera-t-elle de retour?
Quando estará de volta?
[**kouain**dou echta**rà** de **vol**ta]

Pouvez-vous lui demander de me rappeler?
Pode pedir-lhe que me telefone?
[**po**de pe**dir**-lle ke me tele**pho**ne]

Je suis de passage au Portugal pour trois jours.
Estou de passagem em Portugal por três dias.
[ech**to** de pa**ssa**géin éin Portu**gal** pour tréh **di**ach]

Je suis à l'hôtel... Vous pouvez me joindre au..., chambre...
Estou no hôtel... Pode encontrar-me no..., quarto...
[ech**to** nou ô**tèl**... **po**de enkon**trar**-me nou... **kouar**tou...]

J'aimerais vous rencontrer brièvement pour vous présenter notre produit.
Gostaria de encontrar-me com o senhor/a para apresentar-lhe o nosso produto.
[gouchta**ria** de enkon**trar**-me kon o se**gnor/a** para apre**zéntar**-lle ou **no**ssou prou**doutou**]

J'aimerais vous rencontrer brièvement pour discuter d'un projet.
Gostaria de encontrar-lo/a um momento para discutir de um projecto.
[gouchta**ria** de enkon**tra**-lou/a oun mo**men**tou para dichcou**tir** de oun pro**gèt**ou]

Nous cherchons un distributeur pour...
Procuramos um distribuidor para...
[prokou**ra**mouch oun dichtri**boui**dor **pa**ra]

Nous aimerions importer votre produit, le...
Gostariamos de importar o seu produto, o...
[gouchta**ria**mouch de inpour**tar** ou séou prou**doutou**, ou...]

Les professions – *As profissões*

administrateur/trice	*administrador/a*	[administra**dor**/a]
agent de voyages	*agente de viagens*	[a**gén**te de vi**à**géinch]
agent de bord	*hospedeira*	[ochpe**déi**ra]
	comissário	[koumi**ssà**riou
	de bordo	de **bor**dou]
architecte	*arquitecto*	[arki**tèt**ou]
artiste	*artista*	[ar**tich**ta]
athlète	*atleta*	[at**lè**ta]
avocat/e	*advogado/a*	[advou**ga**dou/a]
biologiste	*biólogo/a*	[**bio**lougou/a]
chômeur/se	*estou*	[ech**to**
	desempregado	dezempre**ga**dou]

coiffeur/se	*cabeleireiro/a*	[kabeleir**éi**rou]
comptable	*contabilista*	[kontabi**lich**ta]
cuisinier/ère	*cozinheiro/a*	[kouzi**gné**irou]
dentiste	*dentista*	[den**tich**ta]
designer	*desenhador/a*	[dezegna**dor**/ar]
diététicien/ne	*dietetista*	[**diè**tetichta]
directeur/trice	*director/a*	[di**rè**tor/a]
écrivain/ne	*escritor/a*	[es**kri**tor/a]
éditeur/trice	*editor/a*	[e**di**tor/a]
étudiant/e	*estudante*	[estou**dain**te]
fonctionnaire	*funcionário/a*	[founssio**nà**rio/a]
graphiste	*grafista*	[gra**fich**ta]
guide accompagnateur/trice	*guia acompanhador/a*	[**gui**a akonpa**gna**dor/a]
infirmier/ère	*enfermeiro/a*	[enfér**méi**rou/a]
informaticien/ne	*informático/a*	[infor**mà**tikou/a]
ingénieur/e	*engenheiro/a*	[éinge**gné**irou/a]
journaliste	*jornalista*	[journa**lich**ta]
libraire	*livreiro/a*	[liv**réi**rou/a]
mécanicien/ne	*mecânico/a*	[me**ka**nikou/a]
médecin	*médico/a*	[**mè**dikou/a]
militaire	*militar*	[mi**li**tart]
musicien	*músico/a*	[**mou**zikou/a]
ouvrier/ère	*operário/a*	[ope**rà**riou/a]
photographe	*fotógrafo/a*	[fo**to**grafou/a]
pilote	*piloto*	[pi**lo**tou]

professeur/e	*professor/a*	[profe**ssor**/a]
psychologue	*psicólogo/a*	[pesi**kó**lougou/a]
secrétaire	*secretario/a*	[sekre**ta**riou/a]
serveur/euse	*servente, criado/a*	[ser**vén**te, kria**dou**/a]
technicien/ne	*técnico/a*	[**tè**knikou]
urbaniste	*urbanista*	[ourba**nich**ta]
vendeur/euse	*vendedor/a*	[vende**dor**/a]

Le domaine de... – *Na área de...*

de l'édition	*da edição*	[da édi**ssa-on**]
de la construction	*da construção*	[da konstrou**ssa-on**]
du design	*de desenho*	[do de**zé**gnou]
de la restauration	*da restauração*	[da rechtaoura**ssa-on**]
du voyage	*das viagens*	[dach **vià**géinch]
de la santé	*da saude*	[da sa**oude**]
du sport	*do desporto*	[do dech**por**tou]
de l'éducation	*da educação*	[da édouka**ssa-on**]
manufacturier	*das fábricas*	[das **fà**brikach
public	*publico/a*	[**pou**blikou/a]
des télé-communications	*das telecomuni-cações*	[dach tèlèkoumouni-ka**ssonich**]
de l'électricité	*da electricidade*	[da eletri**ssi**dade]
du spectacle	*do espectáculo*	[do espè**tà**koulou]
des médias	*da comunicação*	[da koumounika**ssa-on**]
de la musique	*da música*	[da **mou**zika]

Études – *Estudos*

administration	*administração*	[administra**ss**a-**on**]
architecture	*arquitectura*	[arki**tè**toura]
art	*arte*	[**ar**te]
biologie	*biología*	[bilou**gia**]
comptabilité	*contabilidade*	[kontabili**da**de]
diététique	*dietética*	[die**tè**tika]
droit	*direito*	[dir**éi**tou]
environnement	*meio ambiente*	[**meio** ain**bien**te]
géographie	*geografia*	[géogra**fia**]
graphisme	*grafismo*	[gra**fich**smou]
histoire	*história*	[ich**to**ria]
informatique	*informática*	[infor**mà**tika]
ingénierie	*engenharia*	[engegna**ria**]
journalisme	*jornalismo*	[journa**lich**mou]
langues	*línguas*	[**lín**gouach]
littérature	*literatura*	[litera**tou**ra]
médecine	*medicina*	[mede**ssi**na]
nursing	*enfermagem*	[enfer**ma**géin]
psychologie	*psicología*	[psikoulo**gia**]
science politiques	*ciências políticas*	[**sien**ssiach poli**ti**kach]
tourisme	*turismo*	[tou**rich**mou]

Es-tu étudiant ?
És estudante ?
[èch echtou**dain**te]

Qu'étudies-tu ?
Que estudas ?
[ke ech**tou**dach]

LA FRANCOPHILIE DES PORTUGAIS

* L'un des plaisirs que les francophones éprouvent en voyageant au Portugal est lié à la francophilie des Portugais. On est en effet constamment étonné de constater que la majorité de la population connaît un peu le français, si bien qu'on peut facilement le parler pendant presque tout le voyage. Nous ne voulons pas pour autant vous priver du plaisir de pratiquer le portugais. Quoi qu'il en soit, les Portugais apprécient les francophones, et cela se sent ! *

FAMILLE
FAMÍLIA

frère	*irmão*	[irma-**on**]
sœur	*irmã*	[irm**ain**]
mes frères, mes sœurs	*meus irmãos, minhas irmãs*	[**mé**ouch irm**ain**-ouch **mi**gnas ir**mainch**]
mère	*mãe*	[m**ain**-i]
père	*pai*	[**pai**]
fils	*filho*	[**fi**llou]
fille	*filha*	[**fi**lla]
grand-mère	*avó*	[avo]
grand-père	*avô*	[av**ô**]
neveu	*sobrinho*	[so**bri**gnou]
nièce	*sobrinha*	[so**bri**gna]
cousin	*primo*	[**pri**mou]
cousine	*prima*	[**pri**ma]
beau-frère	*cunhado*	[kou**gna**dou]
belle-sœur	*cunhada*	[kou**gna**da]

SENSATIONS ET ÉMOTIONS –
SENSAÇÕES E EMOÇÕES

J'ai faim.	*Tenho fome.*	[**ta**gnou **fo**me]
Nous avons faim.	*Temos fome.*	[**te**mouchs **fo**me]
Il a faim.	*Ele tem fome.*	[ele **tèin fo**me]
Elle a faim.	*Ele tem fome.*	[èla **tèin fo**me]
J'ai soif.	*Tenho sede.*	[**ta**gnou **se**de]
Je suis fatigué/e.	*Estou cansado/a.*	[ech**to** kan**ssa**dou/a]
J'ai froid.	*Tenho frio.*	[**ta**gnou friou]
J'ai chaud.	*Tenho calor.*	[**ta**gnou ka**lor**]
Je suis malade.	*Estou doente.*	[ech**to** dou**én**te]
Je suis content	*Estou contente.*	[ech**to** kon**tén**te]
Je suis heureux/ heureuse.	*Sou feliz.*	[sô fe**lich**]
Je suis satisfait/e.	*Estou satisfeito/a.*	[ech**to** satich**féi**tou/a]
Je suis désolé/e.	*Sinto muito.*	[**sin**tou **moun**tou]
Je suis déçu/e.	*Estou decepcionado/a.*	[ech**to** dessèssio**na**dou/a]
Je m'ennuie.	*Aborreço-me.*	[abour**ré**ssou-me]
J'en ai assez.	*É suficiente.*	[é soufi**ssién**te]
Je suis impatient/e de...	*Estou impaciente por...*	[ech**to** impa**ssién**te pour]
Je m'impatiente.	*Impanciento-me.*	[impa**ssién**tou-me]
Je suis curieux / curieuse de...	*Tenho curiosidade de...*	[**ta**gnou kourio**zi**da**de de]
Je suis égaré/e.	*Estou perdido/a.*	[ech**to** per**di**dou/a]

BARCO RABELO

INDEX

MOTS PORTUGAIS

MOTS FRANÇAIS